澜湄合作项目专项基金中方项目"低影响开发背景下城镇生活污
保护科学普及的技术示范与推广"研究成果

青少年
水环境保护
实践教学导引

靳　星　罗常军◎主编

图书在版编目（CIP）数据

青少年水环境保护实践教学导引 / 靳星，罗常军主编 . — 长沙：湖南师范大学出版社，2023.6
ISBN 978-7-5648-4949-8

Ⅰ．①青… Ⅱ．①靳… ②罗… Ⅲ．①水环境－生态环境保护－中学－教学参考资料 Ⅳ．① G633.593

中国国家版本馆 CIP 数据核字（2023）第 096300 号

Qingshaonian Shuihuanjing Baohu Shijian Jiaoxue Daoyin
青少年水环境保护实践教学导引

靳　星　罗常军　主编

出 版 人｜吴真文
责任编辑｜孙雪姣
责任校对｜谭静雅
出版发行｜湖南师范大学出版社
　　　　　地址：长沙市岳麓山　邮编：410081
　　　　　电话：0731-88853867　88872751
　　　　　传真：0731-88872636
　　　　　网址：https://press.hunnu.edu.cn/
经　　销｜湖南省新华书店
印　　刷｜湖南美如画彩色印刷有限公司
开　　本｜787 mm×1092 mm　　1/16
印　　张｜8
字　　数｜150千字
版　　次｜2023年6月第1版
印　　次｜2023年6月第1次印刷
书　　号｜ISBN 978-7-5648-4949-8
定　　价｜28.00元

引言

习近平总书记指出：生态文明建设是关系中华民族永续发展的根本大计，功在当代，利在千秋。生态文明建设关键在人，关键在通过环境教育培养具有较高生态文明素养的人，而生态文明素养要从小抓起，持续不断，久久为功。

湖南师大附中博才实验中学一直重视环境教育，把它作为"立德树人"根本任务不可或缺的重要组成部分，常抓不懈，且卓有成效。首席名师靳星带领岳麓区靳星中学地理名师工作室成员研发的"'以水为媒'中学生态文明课程"就是其中之一。

面向青少年的环境教育，应将世情、国情和省情相统一，将知与行相统一，应注重因地制宜，打造特色课程。湖南师大附中博才实验中学的环境教育之所以选择"以水为媒"，聚焦水环境保护，主要基于以下几点考虑：其一，地球是水球，地球表面约70%

被水覆盖。其二，中国是一个缺水型国家，人均水资源只有世界人均的1/4，且由于分布不平衡，不少地区处在严重缺水或极度缺水状态。其三，湖南省虽然水资源丰富，但水患频繁，非涝即旱，水情就是省情。其四，水与我们戚戚相关，我们每天都要喝水、用水，水直接影响人类的生产与生活。

《青少年水环境保护实践教学导引》一书是"'以水为媒'中学生态文明课程"的配套学生用书，全书以水为核心，分为上篇和下篇，上篇重点探究水与大气、土壤、生物及人类生产与生活的关系，从知水、探水和护水三个维度设定教学目标和教学内容，探索多学科融合的教学路径，具有较强的知识性、趣味性、启示性、实践性。下篇以绿色发展理念为遵循，以湖南乡土地理为资源，通过研学考察的方式，重点探究水与森林、梯田、湖泊、草原的内在关联。《青少年水环境保护实践教学导引》一书以中学生乃至广大青少年为对象，致力于拓展他们的环保知识，增强他们的环境意识，帮助他们树立绿水青山就是金山银山的辩证观，山水林田湖草沙有机联系的自然生态观，护水就是守护生命、守护地球家园的价值观，环境治理需要综合施策、全民参与的科学实践观，培养学生勇于探索的创新精神和善于解决问题的实践能力。

编委会

目录

上篇　水环境保护科普知识

第一单元　水的概述　　　　　　　　　　　　　3
　　知水　水的概况　　　　　　　　　　　　　3
　　探水　袋装冰模拟水循环实验　　　　　　　9
　　护水　携手共护湘江母亲河　　　　　　　　10

第二单元　水与大气　　　　　　　　　　　　　11
　　知水　水与大气污染　　　　　　　　　　　11
　　探水　模拟酸雨实验　　　　　　　　　　　13
　　护水　参观气象观测实验基地　　　　　　　14

第三单元　水与土壤　　　　　　　　　　　　　　16

　　知水　水土污染与水土保持　　　　　　　　16

　　探水　模拟水对土壤的侵蚀实验　　　　　　21

　　护水　参观土壤污染处理厂　　　　　　　　22

第四单元　水与生物　　　　　　　　　　　　　　24

　　知水　水与生物的关系　　　　　　　　　　24

　　探水　制作环保酵素　　　　　　　　　　　28

　　护水　参观长沙洋湖湿地公园　　　　　　　29

第五单元　水与生活　　　　　　　　　　　　　　32

　　知水　学会健康饮水　　　　　　　　　　　32

　　探水　制作迷你净水器　　　　　　　　　　36

　　护水　参观污水处理厂　　　　　　　　　　37

下篇　水环境保护研学考察

第六单元　水与森林
——"山水相依　绿色守望"张家界森林植被与水环境保护研学考察　　41
研学准备　　41
研学内容　　43
研学收获　　53
研学评价　　54

第七单元　水与梯田
——"耕耘希望　传承文明"紫鹊界梯田稻作文化与水环境保护研学考察　　55
研学准备　　55
研学内容　　59
研学收获　　78
研学评价　　79

第八单元　水与湖泊

——"关爱生灵　共护水源"东洞庭湖濒危动物与水环境保护研学考察　　80

　　研学准备　　80

　　研学内容　　83

　　研学收获　　92

　　研学评价　　93

第九单元　水与草原

——"草原牧歌　放飞梦想"南山高山草原植被与水环境保护研学考察　　94

　　研学准备　　94

　　研学内容　　96

　　研学收获　　115

　　研学评价　　116

后记　　117

上　篇

水环境保护科普知识

　　水是生命之源、万物之本。水以不同形态循环运动，直接影响人类的生产与生活，是维系地球生态环境可持续发展不可或缺的条件。因此，护水是我们每一个人义不容辞的责任，而护水则需知水和探水。

第一单元　水的概述

知水　水的概况

　　从地球诞生之日起，水就应运而生了。在地球演化过程中，水起到了充当化学反应剂和润滑剂的作用，直接促进了地球的演化和生命的起源。水以气体、液体、固体等多种形态存在，与大气圈、生物圈和岩石圈发生着相互作用，并直接影响着人类的生产与活动。

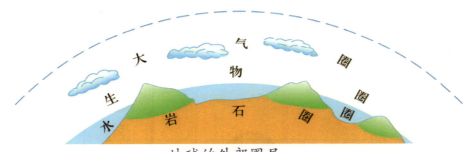

地球的外部圈层

谁（水）主沉浮——知识竞赛

　　1. 下列有关水的"冷知识"，哪些是正确的？哪些是错误的？对的打"√"，错的打"×"。

　　①人的骨骼含有 22% 的水。　　　　　　　　　　（　　　）

　　②人缺水 5% 就会死亡。　　　　　　　　　　　（　　　）

　　③大量饮水会引起中毒。　　　　　　　　　　　（　　　）

　　④肌肉含水 60%。　　　　　　　　　　　　　　（　　　）

　　⑤地球上水的总量有 1.36 亿立方千米。　　　　　（　　　）

　　⑥海水的提取物可以制作核武器。　　　　　　　（　　　）

　　⑦海水是蓝色的是因为映出了天空的颜色。　　　（　　　）

⑧南极的冰是蓝色的。　　　　　　　　　　（　　　）

⑨黄河的源头是黄色的水。　　　　　　　　（　　　）

⑩亚马孙河流域是世界上面积最大的淡水流域。（　　　）

2. 中国文字是象形文字，带三点水的汉字通常与水有联系。沙漠里分明没有水，为什么"沙"字和"漠"字的偏旁是水字旁呢？

_____

_____

3. 请在3分钟内列出关于水的诗句或成语。（至少三个）

_____

_____

知识一　水的分布

1. 世界水资源的分布

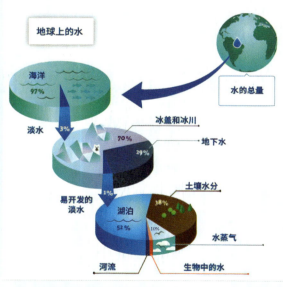

地球上水资源的分布

头脑风暴

（1）地球是个大水球，70%的表面被水所覆盖。既然有这么多的水资源，为什么我们还要节约用水呢？

_____

_____

（2）目前人类比较容易利用的淡水资源是（　　　）（多选）。

A. 河流水　　　B. 淡水湖泊水

C. 浅层地下水　D. 深层地下水

E. 冰川水

全球淡水资源不仅短缺而且地区分布极不平衡。从地区分布来看，巴西、俄罗斯、加拿大、中国、美国、印度尼西亚、印度、孟加拉国和刚果 9 个国家的淡水资源占世界淡水资源的 60%，而约占世界人口总数 40% 的 80 个国家和地区的人口面临淡水不足的困境，其中 26 个国家的 3 亿人口完全生活在缺水的境况中。

2. 中国水资源的分布

中国水资源总量居世界第 4 位，人均占有量仅为世界平均值的 1/4。中国水资源时间和地区分布不均，年内分布集中，年际变化大；黄河、淮河、海河、辽河四流域水量小，长江、珠江、松花江流域水量大；西北内陆干旱区水量匮乏，西南地区水量丰富。目前有 11 个省区人均水资源量（不包括过境水）属于严重缺水。

幸存者游戏

1. 查找资料，并说出我国哪些省级行政区属于极度缺水。（人均水资源低于 $500m^3$）。

_____

_____

2. 你知道最缺水的生活是什么样的吗？谈谈你的感受。

_____

_____

3. 假设你暑假乘坐飞机，紧急迫降在我国西北的沙漠中，在起火的飞机中只能抢救出五种物品，你会选择以下物品中的哪五种？请说出你选择它们的原因。

A. 手电筒　　B. 镜子　　　C. 地图　　　D. 雨衣　　　E. 指南针

F. 医疗箱　　G. 关于沙漠动物的书　　H. 墨镜　　　I. 外套

J. 食盐　　　K. 水　　　L. 白酒

_____

_____

_____

知识二 水的循环 🌱

地球上淡水资源的储量并不多，而人类每天都在大量取用它，为什么水资源没有枯竭呢？这是因为地球上水量的恒定性，受其自身存在着的"水循环"影响。水循环是指自然界的水在地理环境中的移动，以及与之相伴的状态变化。

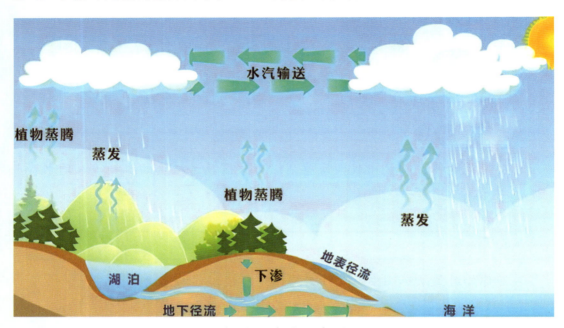

水循环简要示意图

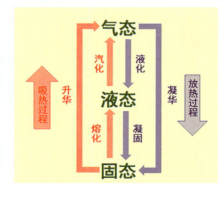

水的三态变化示意图

水的三态变化

水在陆地、海洋、大气之间，通过吸收或释放热量，实现固、液、气三态转化，形成了永无休止的循环运动，请描述一下水的三态变化过程。

画一幅海陆间循环示意图，标明主要环节。

1. 海陆间循环（水的大循环）

大循环又称全球性水循环，是指海洋水和陆地水之间通过一系列过程所进行的相互转换运动。从海洋上蒸发的水汽，被气流带到陆地上空，在适当的条件下凝结，形成降水，降落到地表。降落到地表的水，一部分又被蒸发进入大气，一部分被植物截流，大部分沿地表流动，形成地表径流，有的渗入地下，形成地下径流，两种径流最终注入海洋。这种循环是水循环中最重要的一种。

2. 海上内循环

海上内循环，即从海洋表面蒸发的水汽，在海洋上空成云致雨（雪），然后再降落到海洋表面的循环过程。

3. 陆上内循环

陆上内循环，即从陆地表面蒸发的水汽或从海洋输送向内陆的少量水汽，在内陆上空成云致雨（雪），然后再降落到大陆表面上，在陆地内消耗，不返回海洋。

知识三　水的影响

水在不断的循环运动过程中，滋养着地球上的生命，影响着人类的生产与生活，并塑造着地球的面貌。

1. 水对生命的影响

水在人类和生物圈的整个生命活动中起着巨大的作用，水是任何生物体的构成成分，植物体平均含水40%～50%，动物体平均含水70%。植物的光合作用、蒸腾作用及养分的运输都需要水。动物和人类如果缺水，食物中的养料就不能被吸收，废物也不能排出体外。人体一旦缺水，后果是很严重的。如果人体失水比重占体重的2%，则人会明显感到口渴；如果失水比重占体重的4%，则人就会有明显的眩晕感；如果失水比重占体重的7%，则人体器官就会严重受损；如果失水比重达到10%，则人体器官会出现衰竭，极有可能导致人的死亡。

查一查

（1）世界上水分含量最多的动物是什么？

_____

_____

（2）生活中水分含量多的水果有哪些？

_____

_____

_____

2. 水对气候的影响

水对气候具有调节作用。大气中的水汽能阻挡地球辐射量的60%，保护地球不致冷却。海洋和陆地水体在夏季能吸收和积累热量，使气温不致过高；在冬季则能缓慢地释放热量，使气温不致过低。

3. 水对地貌的影响

水循环是"雕塑家"，它通过侵蚀岩石土壤，冲淤河道，搬运泥沙，塑造平原，形成了丰富多彩的地表形态，比如黄土地貌、喀斯特地貌、冰川地貌、海蚀地貌、河口三角洲和沉积平原等。

探水　袋装冰模拟水循环实验 ◎

一、活动目标

帮助学生理解水循环的概念，认识水循环的类型，培养学生的实际动手操作能力。

二、活动准备

透明塑封袋、胶带、蓝色颜料（食用色素）、黑色记号笔、红色记号笔、冰。

三、活动流程

1. 在拉链袋上用记号笔画出水位、云和太阳。

2. 往袋子里加入少量冰（注意不要让袋子外面碰到水），再往袋子里加入几滴蓝色食用色素。

3. 密封开口后把袋子放于有阳光照射的窗台上等待 1 小时。

4. 1 小时后袋子上就会出现很多水滴，轻拍袋子，水滴就会落下。在这个实验中，袋子里的水经过蒸发、冷凝，像降水一样落下，并在袋子底部汇集。

护水　携手共护湘江母亲河

一、活动目标

1. 使学生了解"环保组织绿色潇湘河流守望者的守护故事"。

2. 引导学生考察湘江长沙段人类活动对河流的破坏及污染，增强学生保护河流的意识。

二、活动准备

纸、笔、垃圾袋、钳子、水质检测包。

三、活动地点

湘江长沙段的入河排污口。

四、活动流程

1. 聆听河流守望者保护河流的故事。

2. 观察排污口。在河流守望者的带领下观察湘江长沙段的入河排污口，调查排污状况及整治情况。

3. 水质检测。对水进行取样并进行水质检查，初步判定水样的水质情况。

4. 分小组捡拾沿河垃圾，为湘江"洗脸"。

第二单元　水与大气

知水　水与大气污染

知识一　常见的大气污染

　　同学们知道孙悟空吗？他神通广大，会七十二变。我们在生活中天天接触的水和他一样厉害，水的模样也瞬息万变。夏季，天空常常乌云密布，突然下一场大雨；秋季，水会变成露珠挂满树枝；冬季，水会变成银色的白霜铺在屋顶和地面上；春季，冰雪消融，水又滋养着大地万物。然而，千变万化的水是可能被污染的，而污染源之一便是大气，常见的大气污染有酸雨、烟雾和雾霾。大气污染是个严峻的挑战，它会影响我们的日常生活和工作。大气污染主要来自于燃煤、化学物质和汽车尾气等人类活动产生的排放物。

1. 酸雨

　　（1）酸雨形成的原因

　　酸雨是一种由人类活动引起的大气污染，是指 pH 小于 5.6 的雨、雪、雾、雹等大气降水。其成因是雨水被大气中存在的酸性气体污染。

　　（2）酸雨的危害

　　酸雨会导致植物中毒甚至死亡，使森林的病虫害明显增加。酸雨会通过食物链使汞、铅等重金属进入人体，如果人类长期生活在酸雨的环境中，就有可能患病。此外，酸雨还会影响建筑材料，使它们变脏

受酸雨影响前后的四川乐山大佛

变黑，严重影响城市市容。

2. 烟雾

烟雾是被指工业污染物所污染的自然雾，是烟和雾的混合物。它会受到太阳辐射影响，与空气中其他成分发生化学作用而产生有毒气体，在很多大城市都发生过，例如我国成都、北京。烟雾对人体有害，会导致许多人出现眼睛痛、头痛、呼吸困难等症状，甚至会致人死亡。

烟雾

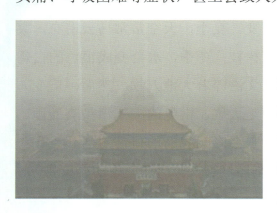

北京雾霾

3. 雾霾

雾霾是雾和霾的统称，主要是由工业污染和交通运输产生的废气导致的。雾霾影响人们正常的交通出行，使路面能见度降低，导致交通事故发生的概率提升。雾霾会对人类的健康造成严重的危害，如引发呼吸道疾病、脑血管疾病、鼻腔炎症等。

"蓝天保卫战小战士"

大气污染严重影响了我们的生活和健康，请以"蓝天保卫小战士"为主题设计宣传海报或者完成一次保护大气的义务宣讲。

知识二　保护大气环境

一、意义

生机勃勃的自然生态系统和生生不息的人类社会离不开适宜的水与大气，它们的状态和变化，时时处处影响到人类的活动与生存。目前大气污染是实现经济社会可持续发展必须重视和解决的紧迫问题。保护地球大气，改善生存环境，需要全社会的共同努力。

二、措施

1. 酸雨的治理

工业生产排放气体处理后再排放。例如采用烟气脱硫装置、燃煤脱硫等技术。

2. 烟雾的治理

工厂废气排放必须经过处理后进行脱氮脱硫工序，降低污染物含量。

3. 雾霾的治理

全面推行排污许可证制度。排放二氧化硫、氮氧化物、工业烟粉尘、挥发性有机物等主要污染物的重点企业，必须向环保部门申领排污许可证。

此外，积极开发新型能源替代传统化石燃料是未来大气环境治理的重要途径，例如开发太阳能、风能、核能等新能源。

探水　模拟酸雨实验

一、活动目标

1. 制作酸雨模拟器，培养学生的动手能力。

2. 通过实验使学生了解酸雨的危害，培养学生的环保意识。

二、活动准备

柠檬酸粉、粉笔、矿泉水瓶、纯净水、图钉、托盘。

三、活动流程

1. 拿出粉笔，画上你喜欢的图形，把粉笔立在托盘上。

2. 拿出装好纯净水的矿泉水瓶,制作酸雨模拟器。将准备好的柠檬酸粉（3勺）倒入水瓶中，搅拌均匀即可。

3. 用图钉在瓶身扎几个小孔，使得水可以流出来。

4. 把粉笔放在酸雨模拟器下，等待 3 分钟观察现象。

把加了柠檬酸的混合液倒入瓶中

用记号笔把粉笔做个好看的图案

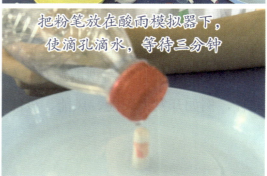
把粉笔放在酸雨模拟器下，使滴孔滴水，等待三分钟

护水 参观气象观测实验基地

一、活动目标

实地参观长沙市国家综合气象观测实验基地，加深学生对大气与水的理解，帮助学生树立绿色环保的观念。

二、活动准备

本子、笔、照相机。

三、活动地点

长沙市岳麓区莲花镇长沙国家综合气象观测实验基地。

四、活动流程

1. "风云地球"视觉初体验。让学生通过观察立体智能地球仪的演示，了解厄尔尼诺现象、拉尼娜现象、沃克环流等，通过观看大气循环视频，了解地球上的大气循环。

2. "气象探秘厅"探秘之旅。安排学生观看水循环的动画演示过程，帮助学生了解雨和雪的形成过程。

3. 举办"观云识天"的知识抢答赛。让学生学习天气预报的流程，了解气象与生活的密切联系。

4. 参观"气象观测基地"，使学生了解气象数据观测、采集和分析的过程。

5. 开展"我是小小气象员"天气播报比赛。

第三单元　水与土壤

知水　水土污染与水土保持

知识一　防治水土污染

一、认识土壤

土壤是地球的陆地表面能够生长植物的疏松多孔物质层。自然形成 1 厘米厚的土壤，大约需要 1000 年以上。对于人类来说，我们终其一生都无法完整见证 1 厘米土壤的形成。

知识小卡片

北京社稷坛：社稷坛是中国古代皇帝祭祀土地神和五谷神的地方，按照东西南北中的方位布局，铺垫经全国各地纳贡而来的青、白、红、黑、黄五种颜色不同的土壤，因而又被称作"五色土"。

"五色土"的布局也大致反映了我国土壤的分布格局。

七嘴八舌话地理

万物土中生。土壤最重要的功能是能够生长植物，产出粮食。除此之外，土壤还有许许多多非常重要的功能，请从以下角度，结合所学，谈谈你的理解：

1.气候调节：

_____

_____

2. 净化水：

_____

_____

3. 养分循环：

_____

_____

4. 生物栖息地：

_____

_____

5. 提供建筑材料：

_____

_____

6. 洪水调节：

_____

_____

二、土壤污染的问题与防治

　　目前为止，大多数土壤污染都是人类活动导致的。土壤污染的主要来源包括采矿、熔炼和制造在内的工业活动，生活垃圾、畜禽废物和城市废物，农用杀虫剂、除草剂、化肥，释放到环境中或在环境中分解的石油衍生物，车辆尾气，等等。

土壤污染来源示意图

一方面，土壤污染会损害植物代谢，从而减少作物产量；另一方面，受到危险元素（如砷、铅、镉）、有机化学成分（如多氯联苯和多环芳烃）或药物（如抗生素或内分泌干扰素）污染的土壤会导致作物无法被安全食用，对粮食安全及人体健康构成严重威胁。

治理土壤污染非常困难，一些污染物质在土壤里不易被分解，长期残留在土壤里，后患无穷。不仅如此，很多污染物会随着土壤水的流动进入地下水，污染河流和湖泊，治理范围广，操作难度大。

环保小卫士

家庭堆肥可以使得进入填埋场的垃圾量下降，并能帮助改善土壤质量。学会堆肥，让生活更环保。请按以下四个步骤，写下你的家庭堆肥日记吧！

1. 确定堆肥工具

_____

_____

2. 收集堆肥材料

_____

_____

3. 堆肥布局设计

_____

_____

4. 堆肥注意事项

_____

_____

知识二 强化水土保持

一、水土流失

水土流失是指在水力、风力、重力及人类活动等作用下，水土资源和土地生产力的损失和破坏。

水土流失模拟实验

1. 仔细观察模拟实验，填写实验结果。

  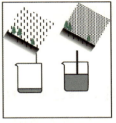 

地面坡度与水土流失　　植被覆盖与水土流失　　降水强度与水土流失　　土壤性质与水土流失

①地面坡度越_____，水土流失越严重；

②植被覆盖越_____，水土流失越严重；

③降水强度越_____，水土流失越严重；

④沙土比黏土水土流失更_____。

2. 推断我国下列地区中哪处水土流失较严重，并简要说明理由。

①长江中下游平原农耕区

②东北大兴安岭原始森林区

③新疆塔里木盆地沙漠区

④云贵高原石漠化地区

_____

_____

从表面上看，水土流失表现为土壤侵蚀，但实际上，水土流失过程是地貌、土壤、生物、水文统一变化的过程。水土流失的主要危害如下图所示：

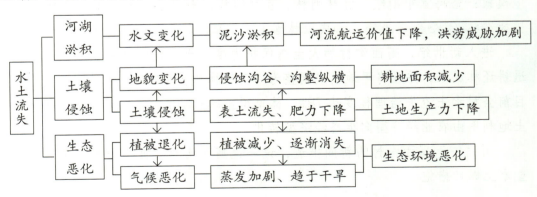

二、水土保持

水土保持是指对自然因素和人为活动造成的水土流失所采取的预防和治理措施。

1. 工程措施

主要包括兴修水库、修建水平梯田、打坝淤地等。在沟道里打坝淤地、拦蓄泥沙，不仅可防止泥沙流入河中，还可在淤地上种植庄稼，治沙效果显著。

梯田

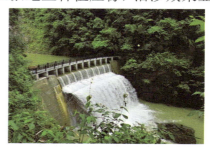

拦沙坝

2. 生物措施

主要包括造林、种草和封山育林、育草。

 新闻链接

黄土高原生态治理样板村——高西沟村

"山上缓坡修梯田，沟底淤地打坝埝，高山远山种林木，近山阳坡建果园，弃耕坡地种牧草，荒坡陡圿种柠条。"经过 20 多年的探索实践，高西沟村因地制宜、地尽其用，推动农、林、牧业协调发展，逐渐形成了"三三制"用地模式：坚持宜粮则粮、宜林则林、宜牧则牧，全村 1/3 土地种植粮食，1/3 植树造林，1/3 种草养畜，形成以林固土、以草养牧、以牧肥田的格局。

进入新世纪，高西沟村加大生态保护力度，大规模实施封山禁牧，巩固退耕还林成果，并且将用地模式调整为"三份林地、两份草地、一分耕地"。目前全村水土流失治理程度达 78%，林草覆盖率达 70%，生态环境显著改善，土地利用由农业经济型向生态经济型转化。

阅读关于高西沟村的新闻报道，说一说高西沟村"征山治水"采取了哪些水土保持措施。

3.蓄水保土

主要包括等高耕作、等高带状间作、沟垄耕作、少耕、免耕等。

20世纪80年代，我国开始重视和加强水土保持工作，实施了三北防护林、京津风沙源治理、退耕还林还草等一大批国家重点生态建设工程，使我国水土流失趋势得到有效遏制。1991年6月29日，我国颁布并实施《中华人民共和国水土保持法》，自此水土保持工作进入了法制化发展新阶段。2023年1月《关于加强新时代水土保持工作的意见》提出到2025年水土保持率（非水土流失面积占国土面积的比例）达到73%，到2035年人为水土流失得到全面控制，水土保持率达到75%。

普法行动

下列哪些行为触犯了《中华人民共和国水土保持法》？

1. 在崩塌、滑坡危险区和泥石流易发区从事取土、挖沙、采石等活动。
2. 在江河源头保护区加强植被保护。
3. 在二十五度以上坡耕地开垦种植农作物。
4. 毁林、毁草开垦和采集发菜。

探水　模拟水对土壤的侵蚀实验

一、活动目标

1. 模拟土壤侵蚀过程，让学生理解水对土壤的侵蚀、搬运、堆积过程，土壤侵蚀会形成不同的地形地貌。

2. 模拟植被对土壤的保护作用实验，让学生认识到植被对人类的重要性，从而引导学生树立正确的人地协调观。

二、活动准备

模拟河床、土壤、毛巾、花洒、植被、水。

三、活动地点

学校操场。

四、活动流程

（一）模拟土壤侵蚀过程

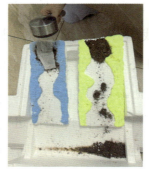

1. 放置一个盆，制造出一定的坡度来模拟河床一端抬升，将适量的土（约5cm厚）放置在河床被抬升的那端，用装满水的花洒喷洒土壤。

2. 观察在侵蚀过程中不同大小的土壤颗粒的沉积情况及土壤经侵蚀后形成的特殊地貌。

（二）模拟植被对土壤的保护作用

1. 制作两块相邻排列的模拟河床，河床一端都放上同等质量的土壤，一块土壤裸露，一块土壤用代替植被的毛巾覆盖。

2. 将两块河床一端抬高至同样高度，同时用花洒对两块河床上游进行喷洒。

3. 观察两块河床的实验结果。

4. 再次对一盆有植物和一盆没有植物的土壤同时进行喷洒，观察流水的清澈程度，将实验结果反馈在下列表格中。

是否有植被	侵蚀作用（大/小）	蓄水能力（强/弱）	河水含沙量（多/少）	泥石流发生概率（高/低）
有植被				
没植被				

护水　参观土壤污染处理厂 ◎

一、活动目标

1. 帮助学生了解土壤污染。

2. 通过"原长沙铬盐厂铬污染整体治理项目"的实地考察体验，让学生了解到土壤污染、水污染对湘江流域的危害，增强学生的环境保护意识。

3. 使学生亲身践行环境保护，营造全民携手保护土壤和水的氛围。

二、活动准备

1. 安全教育及纪律要求。

2. 本子、笔、相机。

三、活动地点

原长沙铬盐厂。

四、活动流程

1. 土壤修复工作者与同学们分享土壤、地下水污染的成因及危害，分析原长沙铬盐厂污染情况及对湘江的影响，并介绍土壤、地下水污染修复过程。

2. 带领学生现场参观土壤修复示范项目。

3. 进行土壤、水质检测。在工作人员指导下，同学们对土壤水进行取样，并利用水质检测包对样品的pH、六价铬等各项指标进行检测，并初步判定土壤、水样的污染情况。

4. 组织学生参与土壤修复小实验。

第四单元　水与生物

知水　水与生物的关系

知识一　水与生物

一、水对动植物种类的影响

1.陆生植物

湿生植物	中生植物	旱生植物
抗旱能力弱，生长在光照弱、湿度大或光照充足、水分饱和的环境之中。	生长于水分适中的环境之中。其根系和输导组织较为发达。	能生长于干旱环境之中，根系非常发达，汲水能力强，叶片面积小，水分蒸发少。
 灯芯草	 樟树	 梭梭

2.水生植物

挺水植物	浮叶植物
植株高大，直立挺拔，大多有茎、叶之分；下部沉于水中，根茎扎入泥中，上部挺出水面。	根状茎发达，无明显的地上茎或茎细弱不能直立，叶片漂浮于水面。

挺水植物	浮叶植物
荷花	睡莲
沉水植物	**漂浮植物**
整个植株生长在水中，叶片多狭长或呈丝状，能吸收水中养分。	植株主体漂浮于水面之上，无固定根系，易漂浮。
金鱼藻	浮萍

3. 水生动物

淡水动物	咸水动物
在水中生活的动物，主要靠水中溶解的氧气进行呼吸。	
鲫鱼	电鳐

4.两栖动物

能在水中与陆地上生活的动物，既有适应水生的结构也有适应陆生的性状。

大鲵

蛙

5.陆生动物

在陆地上生活的动物，主要靠空气中的氧气进行呼吸。

蜜蜂

骆驼

骆驼身体的哪些结构使它适于在干旱的沙漠环境中生活？

_____

_____

二、水对动植物分布的影响

对植物分布的影响	对动物分布的影响
一般来说，水分条件良好，动植物密度较大，水分条件较差，动植物密度小。	

水热条件优越的热带雨林

生活着众多野生动物的热带草原

干旱的荒漠

知识二 生物对水的影响

富营养化是指水体过量融入氮、磷等营养性物质，引起水体中藻类及其他浮游生物过度繁殖，水体溶解氧下降，造成水质恶化，引发鱼类等大量生物死亡的现象。水体富营养化的一大人为原因是生活、生产污水过量排放入水体。

在过去的几十年里，云南最大的淡水湖——滇池的水质每况愈下，富营养化问题越来越突出。经过人们不懈保护与治理，截至2020年，滇池水质已被改善到四类水。请写出两条主题为"如何防止水体富营养化"的宣传语。

_____

_____

生物对水的净化作用

微生物对水的净化作用	植物对水的净化作用	
微生物净化污水的原理是利用微生物处理污水，也就是通过微生物的新陈代谢活动，将污水中的有机物分解，从而达到净化污水的目的。	水生植物根系形成的微生物膜有降解作用，常见的净水植物种类有芦苇、香蒲、灯芯草。	陆生植物中仙人掌、芦荟、香蕉等对水都有不同程度的净化作用。植物对重金属及盐有吸收作用，能一定程度上去除水中污染物。

现代化的污水处理系统都带有"生物净化环节"，请你根据上面表格中各种生物对水的净化作用，设计一个"生物污水净化系统"，将其画出来，并备注设计结构与各部分的功能。

探水　制作环保酵素

一、活动目标

制作环保酵素、培养动手能力、树立环保理念。

二、活动准备

每个学生准备 100 克红糖，拾取新鲜残菜叶、果皮 300 克，自带塑料饮料瓶 1 个、水盆 1 个、一次性筷子 1 双。

三、活动流程

1. 首先收集生活中的水果皮、菜叶。要注意已经腐烂的植物是不能使用的。把这些菜叶、果皮切成小块，切得越小就越容易发酵。

2. 然后按照 1 份红糖、3 份新鲜果皮菜叶材料、10 份水的比例，放入干净无油的瓶子中，盖上盖子储存。

3. 酵素的最佳发酵温度是 15 到 25 摄氏度之间，每隔一段时间要开盖子放气。为了加快发酵，并充分均匀，要经常摇晃瓶子。

4. 等到酵素发出像酒一般的气味时，就说明发酵成熟了。上面的液体可以取出，装入干净的瓶子中，可以用来洗碗、洗衣服。酵素下边的杂质可以用作花草的肥料，制作好的酵素可以用小瓶子装了以后放在冰箱里冷藏保存。

护水　参观长沙洋湖湿地公园 ◎

一、活动目标

通过实地考察，帮助学生将应用学科知识与实践相融合，初步掌握解决环境问题的方法，树立可持续发展的观念。

二、活动准备

纸、笔、干粮、小奖品、水质测试包等。

三、活动地点

洋湖湿地公园。

四、活动流程

1. 参观长沙洋湖湿地，说说湿地的功能。

_____

_____

_____

_____

2. 检测长沙洋湖湿地的水质。

_____

_____

_____

_____

3. 找一找长沙洋湖湿地中常见的植物，研究它们对保护湿地、净化水质的作用。

_____

_____

_____

_____

4. 调查长沙洋湖湿地中的环境问题，找出污染的原因，并提出你的解决方法。

_____

_____

_____

_____

5. 探究湿地对人类生存有哪些重要作用。

_____

_____

_____

_____

🌊 第五单元　水与生活 🌊

知水　学会健康饮水 ◎

　　水是人类的"生命之泉"。按用量标准最高的国家计算，每人每年需要1500～1800吨水。工业上生产1吨合成橡胶需要2500吨水，炼1吨钢需要100吨水。农业上生产1吨稻谷需要5000吨水。

知识一　生活中的饮水知识 🐛

　　补充水和摄取营养一样重要。测一测，你会喝水吗？

　　1. 人体每天除去从食物中获取的水分，成年人一般每天需饮用多少毫升的水呢？

　　2. 如果感觉很口渴，我们可以一次连续大量饮水吗？为什么？

　　3. 自来水，水库、水井、水塘里面的水可以直接饮用吗？为什么？

　　4. 冰箱里长期存放的冰水能喝吗？为什么？

　　5. 不渴也需要喝水吗？为什么？

　　科普辟谣

　　1. 流言：冷热两掺的水属于"阴阳水"，喝了会拉肚子！

　　真相解读：实际上冷热水是完全可以掺着喝的，但前提是保证无论是冷水还是热水都是已经烧开过的水或者卫生指标合格的瓶装水。做到这几点，温度不同的水掺和在一起喝就没问题。

　　2. 流言：喝煮沸了很长时间（反复煮沸）的水会致癌。

　　真相解读：经过实验测定，自来水当中的亚硝酸盐含量是0.007毫克/升，烧开一次后该数值为0.021毫克/升，继续烧开20次之后的含量是0.038

毫克／升。而生活饮用水中亚硝酸盐含量是有明确"国家标准"限定的，数值应小于 1 毫克／升；换一种角度说，想达到该限值，理论上需要把水煮沸 200 次。所以，就算水多次煮沸之后，其中亚硝酸盐含量还是远远低于国家标准的。

　　3. 流言：隔夜水喝了之后有毒，甚至还会致癌。

　　真相解读：水在烧开之后，其中的细菌物质会失去活性，亚硝酸盐含量较少，根本没有产生大量亚硝胺物质的基础。所以，开水就算放了一夜，也并不会改变水本身的性质，微生物含量可能有所增加，但不会对人体产生较大危害。

知识二　生活中的水浪费

　　镜头一：沿街的洗车行里，到处都晃动着洗车工举着高压水龙头如耍龙般的身影，在他们的身边，如柱的水流急速地流向下水道或污水河中，时不时引来路人的驻足观望。我们如果稍微留意一下，会发现这种镜头几乎在每个城市中每天都可看到。

　　镜头二：在许多农村，一方面干旱严重，水资源紧张；另一方面，一旦有水，农民则采用为漫灌或淤灌的农业灌溉方式，许多人扒开水口之后让水随意地往田里流，加上农田设施的不完善，有大量的水不断流入沟底，流入低洼之处，造成水资源的大量浪费。在河西走廊，由于采用漫灌的方式，有些地方生产一斤稻米需一吨黄河水，这种对水的严重浪费让人震惊。

　　镜头三：在各个居民家庭中，当人们洗碗、洗菜、淘米、洗衣，甚至冲凉时，大多数人都会开足水龙头，让水尽情地流。虽然大家都知道多用水多付费，但水费低得微不足道，谁也不愿为节约几元水费而"小气"。城市中不断出现的水管爆裂、水管漏水（明漏和暗漏）所造成的水资源浪费也非常惊人。

据实验和计算，一个水龙头一秒钟滴漏一滴水，35 分钟就滴满容量为 240 毫升的一量杯，一年就要浪费上百吨水。

　　观察校园里哪些地点容易存在水资源浪费的现象，针对问题小组合作绘制出"节约用水"主题宣传语或宣传画。推选出优秀作品并粘贴宣传。

知识三　生活中的水污染

1. 生活中水污染的分类

　　水污染指有害化学物质造成水的使用价值降低或丧失，甚至污染环境。按照不同来源，可以分为工业废水、生活废水和农业污染等。

工业污染

生活污染

农业污染

　　🔍 水污染的主要来源有哪些？　　　　搜索

➤ 森林砍伐，水土流失

➤ 过度开采，产生矿山污水

➤ _____

2. 水污染对身体健康的影响

据不完全统计，人体所患疾病中 80% 以上与水有关，每 15 秒钟就有 1 名儿童因水质不良而死亡，全世界因水污染而感染霍乱、痢疾和疟疾等传染病的人数超过了 500 万。

新闻链接

日本核污染水排放

在国际社会的反对声下，日本政府于 2021 年 4 月 13 号正式做出将福岛核污染水排放入海的决定，排海时间大致为 2023 年夏季。研究表明从排放之日起，不到两个月放射性物质就将扩散至太平洋大半区域，3 年后放射性物质就将抵达美国和加拿大，核污染水中的放射性物质甚至会损害人类的 DNA，所以日本将核污染水排放入海可能将影响到人类的存亡。请谈谈你的看法。

3. 水污染的防治

※ 禁止向水体排放油类等废液；

※ 禁止在水体清洗装贮过油类或者有毒污染物的车辆和容器；

※ 禁止向水体排放、倾倒工业废渣、城镇垃圾和其他废弃物；

※ 禁止以逃避监管的方式排放水污染物；

※ 化学品生产企业以及工业集聚区等企业、场所和设施应当采取措施，防止地下水污染。

🔍 为什么说用肥皂、无磷洗衣粉会减少水污染？　　　搜索

➤ _____

➤ _____

➤ _____

探水　制作迷你净水器 〰

一、活动目标

1. 使学生了解水环境的知识以及水的重要性。

2. 制作超级迷你净水器，培养学生的实际动手、操作能力。

3. 培养学生节约水资源、防治水污染及合理利用水资源的环保意识。

二、活动准备

细沙、小石粒、鹅卵石、棉絮、半截塑料瓶、剪刀。

三、活动流程

1. 用剪刀等锐器在瓶盖钻出一个 5mm 的小孔。

2. 把瓶盖盖到瓶子上拧紧，然后把一团棉絮塞到瓶子里，可以塞紧实一点。

3. 再把细沙均匀地盖在棉絮上面。

4. 再把细砂摇匀。

5. 紧接着把小石粒均匀地覆盖在细沙上面。

6. 最后将几颗大大的鹅卵石放上去。

7. 把准备好的泥水倒进瓶子。

8. 反复多过滤几次后进行对比。

护水　参观污水处理厂

一、活动目标

实地参观湖南先导洋湖再生水有限公司，帮助拓宽视野，丰富环保知识，加深对污水处理的理解，树立节约用水、绿色环保的观念。

二、活动准备

本子、笔、照相机。

三、活动地点

湖南先导洋湖再生水有限公司。

四、活动流程

1. "污水变形"视觉初体验，观看水资源纪录片。

2. 见证"污水变形"的过程。

（1）污水处理第一步：粗格栅过滤污水中体积较大的垃圾。

（2）污水处理第二步：细格栅过滤污水中的小垃圾，格栅细到烟头也能处理。

（3）污水处理第三步：曝气池。前面两步属于物理处理，这一步属于化学处理，主要是去除氮、磷和有机物。

（4）污水处理第四步：沉淀池沉淀。

（5）污水处理第五步：生物净化。经过沉淀和紫外线消毒的水变得清澈后，排入人工湿地，经生物净化作用，水质可以达到一级 B。

3. 交流学习困惑与学习心得。

下 篇

水环境保护研学考察

　　水与山林田湖草沙是紧密联系的生命共同体，铸就人类生存发展的物质基础。乡土研学课程，为我们打开了以水定绿、以水定林、量水而行的生态之窗。愿我们携手绘就山清水秀、林茂田丰、湖净草绿、沙稳冰洁的壮美生态画卷。

研学活动须知

1. 按计划活动。按时、按规定地点上车、就餐、就寝，按规定路线活动，不得擅自更改活动路线，在考察期间除必须使用手机的情况外，请不要成为"低头一族"。

2. 集体活动。带队老师和小组长随时清点人数，带队老师要关注学生活动，确保每个学生的安全。如有特殊要求需外出活动，必须经带队老师批准；遇紧急情况，必须迅速报告带队老师。休息时间外出，必须报告老师并由老师带队。

3. 待人真诚，礼让他人，文明用语，避免冲突。

4. 团结、互爱、互谅，老师关心学生，学生尊重老师，男同学要帮助女同学，避免不团结的现象发生。

5. 认真负责、愉快合作。每位同学要积极主动完成自己的任务，要爱护、保管所有工具设备。确保活动顺利、圆满地完成。

6. 一般不要用手触碰有毒或不熟悉的动植物，以防万一。

7. 统一服装，除发的统一服装和帽子外，带好秋季和夏季校服各1套。

8. 野外考察期间各种条件比较艰苦，特别注意要有吃苦的思想准备。

9. 每天作好考察记录并整理，完成专题研究内容并撰写专题研究报告，在老师规定的时间内完成作业，不得拖延。

10. 考察结束后，完成考核评价，并根据要求积极参与分享会，教师会根据表现给出实践考核分数等级并颁发奖状。

11. 如有严重过敏反应或隐性疾病（如哮喘），不可隐瞒，若因隐瞒造成后果，责任由家长和学生自负。

第六单元　水与森林

——"山水相依　绿色守望"张家界森林植被与水环境保护研学考察

研学准备

一、研学目标

1. 使学生了解张家界的整体概况，包括地质地貌、森林植被及主要河流的特征等。

2. 引导学生探究森林植被对水环境保护的重要性。

3. 组织学生调查张家界植被保护的现状。

4. 培养学生热爱自然、关注家乡、保护环境的意识。

二、研学攻略

1. 本次研学为夏季出行，请提前查询好研学期间的天气，并绘制天气符号。

日期			
天气状况（天气符号）			
最高气温			
最低气温			

2. 请根据天气状况及所学知识，在你认为需要携带的物品处画"√"，并准备所需要的行李。

重要证件：身份证、学生证 ☐	短衣短裤 ☐	长衣长裤 ☐	运动鞋 ☐
洗漱用品 ☐	笔记本、笔 ☐	照相机 ☐	高倍望远镜 ☐
手机 ☐	干粮或零食 ☐	防晒霜 ☐	雨伞 ☐
凉鞋 ☐	棉袄 ☐	药品 ☐	墨镜 ☐
雨衣 ☐	地图 ☐	指南针 ☐	少量现金 ☐

三、知识储备

读下图并查阅资料，了解张家界的基本概况。

审图号湘S（2020）037号

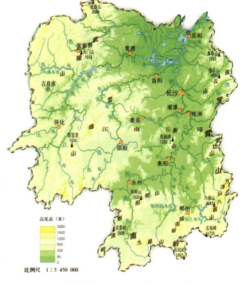

审图号GS（2016）2270号

（1）张家界市位于湖南省 ＿＿＿＿＿＿＿＿ 部，其核心景区武陵源区面积约398平方公里。

（2）张家界属于 ＿＿＿＿＿＿＿＿＿ 气候，雨量丰沛，著名的湖南省四水之一的 ＿＿＿＿＿＿＿＿＿（河流名称）发源于武陵山区，最终注入 ＿＿＿＿＿＿＿＿＿（湖泊名称）。这里植被茂盛，奇峰三千，秀水八百。

（3）1982年，中国第一个国家森林公园 ＿＿＿＿＿＿＿＿＿＿＿＿＿＿＿＿ 成立，1992年12月，张家界 ＿＿＿＿＿＿＿＿＿＿＿＿＿＿＿＿ 被联合国列入《世界自然遗产名录》，2004年2月被列入全球首批世界地质公园。

（4）张家界少数民族众多，约占总人口的75%，主要有 ＿＿＿＿＿＿＿＿＿、白族、苗族等，民族风情十分浓郁。

研学内容 ◎

此次研学考察的主要区域为张家界国家森林公园，包括袁家界、金鞭溪和黄石寨。

一、袁家界的"前世"与"今生"

位于张家界国家森林公园北面的袁家界，面积约为1200公顷，平均海拔为1074米。袁家界背依岩峰山峦，面临幽谷群峰，呈东西向。主要景点有后花园、迷魂台、天下第一桥等。这里是张家界地貌的最典型区域，也是本次研学考察的第一站。

★活动一：去伪存真

1. 通过在袁家界的实地观察，请选出张家界对应的地貌类型。

（　　）　　　　　　　　　　　（　　）

（　　）　　　　　　　　　　　（　　）

★活动二：你说我说

1. 通过观察和讨论，以小组为单位，说一说你眼中的张家界地貌之美。

_____

_____

_____

2. 结合你所掌握的知识，通过观察张家界地貌，提出你的疑问。

_____

_____

_____

★ 活动三：合作研究

张家界地貌的形成与演变

1. 自我评价

大家好，我是一种独特的砂岩地貌，名字叫张家界地貌。我是"在中国华南板块大地构造背景和亚热带湿润区内，由产状近水平的中、上泥盆统石英砂岩为成景母岩，以流水侵蚀、重力崩塌、风化等营力形成的，以棱角平直的高大石柱林为主，以深切嶂谷、石墙、天生桥、方山、平台等造型地貌为代表的地貌景观"。

2. 名字的确定

确定时间：2010 年 11 月 9 日至 11 日。

确定形式：由会议讨论最终确定。在张家界举行的张家界砂岩地貌国际学术研讨会暨中国地质学会旅游地学与地质公园研究分会第 25 届年会上最终确认让我自立门户。

命名者：国际地貌学家协会副主席彼得·米根等来自新西兰、英国、波兰、澳大利亚、美国、德国和日本 7 个国家的 16 位国外地貌学权威专家，以及中国科学院院士李廷栋、刘嘉麒等 20 多位国内知名地质地貌学专家。

自此，我在地貌界的地位获得了国际学术界的认定。

3. 成长经历

当你们站在我面前，感叹我的神奇、伟岸的时候，知不知道我能有今天的风光，其实是经历了亿万年的漫长洗礼呢？

砂岩峰林地貌（张家界地貌）在地史时期，由于地壳缓慢的间歇性抬升，经受流水长期侵蚀切割的结果。其发展演变经历了方山、平台—峰墙—峰丛、峰林—残林 4 个主要阶段。

方山、平台：边缘陡峭，相对高差几十至数百米，顶面平坦，由坚硬的含铁石英砂岩构成。

峰墙：随着侵蚀作用的加剧，沿岩石共轭节理中发育规模较大的一组侵

青少年水环境保护实践教学导引

蚀溪沟两侧的节理、裂隙，形成峰墙，如百丈峡。

峰丛、峰林：流水继续侵蚀溪沟两侧的节理、裂隙，形成峰丛；当流水切割至一定深度时，则形成由无数挺拔峻峭的峰柱构成的峰林地貌。

残林：峰林形成后，流水继续下切，直到基座被剥蚀切穿，柱体纷纷倒塌，只剩下若干孤立的峰柱，即形成残林地貌。随着外力作用的推动，残林将倒塌殆尽，直至消亡，最终形成新的剥蚀地貌。在武陵源泥盆砂岩分布区的外围地带则为此类地貌类型。

以小组为单位，合作完成以下问题：

1. 根据所给资料及在袁家界实地考察，请在下图中辨认出方山、峰墙、峰林、峰丛及残林等地貌景观并连线。

方山　　峰墙　　峰林　　峰丛　　残林

2. 小组合作探究，请分析并描述张家界地貌形成的主要原因。

★ 活动四：探索发现

1. 运用指南针在指定地点判断野外及地图上的方向。

将指南针水平放置，在磁针静止后，其标有"N"的黑一端所指的便是北方。（注意根据活动地区的磁偏角进行校正。）

2. 探索观察到的植被类型，植被的垂直分布和水平分布，识别原始森林、原始次森林，发现植被生长与阳光、土壤及生态环境状况的关系。

张家界的植被包括森林植被、灌草植被和农作物植被三类。森林植被分为针叶林、阔叶林、灌木林三类。武陵源风景区森林植被覆盖率最高达98%。灌草植被主要分布在武陵山脉北、中、南三支山脉的上部，有胡枝子、芒、苔藓、白茅、地衣群落等，覆盖率为35%。农作物植被占总植被的10%。作物种类因节令而异，冬春季节为小麦、油菜，夏季为水稻、玉米、豆、红薯和棉花、苎麻、烟叶等。

判断拍摄于袁家界百龙天梯附近的这张图片中的山坡是阳坡还是阴坡，并说明理由。

二、金鞭溪的"源"与"流"

金鞭溪因流经金鞭岩而得名。主要景致有醉罗汉、神鹰护鞭、金鞭岩、花果山、水帘洞、劈山救母、千里相会、楠木坪、水绕四门等，被誉为"世界上最美丽的峡谷之一"。

金鞭溪的森林覆盖率达98%，茂密的森林涵养了水土，生成了水源，水是从每一棵树、每一株草、每一块石头、每一条岩缝下一滴一滴渗出来的，即使久旱，也不会断流。河流没有结冰期，一年四季不断流，水质清澈。

★ **活动五：指点江山**

在老师发的地图中找到金鞭溪，根据地图上的方向，判读金鞭溪的发源地、注入地及流向并估算金鞭溪的总长度。

★ **活动六：溪谷寻怪**

根据线索提示，以小组为单位在金鞭溪谷中找到以下地理事物并用手机拍摄或者手绘下来，最先找到的小组获胜。

★ 活动七：溪边探秘

1. 金鞭溪中的两栖动物——大鲵

金鞭溪里有一种"娃娃鱼"，是现今世界上最大也是最珍贵的两栖动物，属国家二级保护动物。娃娃鱼学名叫大鲵，全世界只有中国、日本、美国才有，因它发出的声音如同小孩啼哭，所以也叫作"娃娃鱼"。

大鲵头部扁平、钝圆，口大，眼不发达、无眼睑。身体前部扁平，至尾部逐渐转为侧扁。体两侧有明显的肤褶，四肢短扁，指、趾前四后五，具微蹼。尾圆形，尾上下有鳍状物。娃娃鱼的体色可随不同的环境而变化，但一般多呈灰褐色。体表光滑无鳞，但有各种斑纹，布满黏液。身体腹面颜色浅淡。

在两栖动物中，大鲵的生活环境较为独特，它们一般在水流湍急、水质清凉、水草茂盛、石缝和岩洞多的山间溪流、河流和湖泊之中生活，有时也在岸上树根系间或倒伏的树干上活动，并选择在有回流的滩口处的洞穴内栖息，每个洞穴一般仅有一条大鲵。

大鲵生性凶猛，肉食性，以水生昆虫、鱼、蟹、虾、蛙、蛇、鳖、鼠、鸟等为食，捕食方式为"守株待兔"。

3. 金鞭溪中的独特鱼类——金鞭鱼

除了大鲵之外，金鞭溪里还生活着一种特产鱼——金鞭鱼。金鞭鱼是张家界的特产，它生长在水质清澈、没有污染的山溪里面，将它拿起后透过肚皮可以看到它的五脏六腑。金鞭小鱼最长不超过五寸，永远长不大。

★活动八：化验水质

每组学生进行水质取样，并检测水质。

总结归纳

分析金鞭溪水质清澈的主要原因。

_____

_____

_____

_____

三、黄石寨的"情"与"责"

有人曾这样评价张家界黄石寨：五步称奇，七步叫绝；十步之外，目瞪口呆。黄石寨中的每一座岩峰都是一件古老的艺术品，它们如剑、如针、如龙首、如龟头、如现代化都市的摩天大厦。

★活动九：学唱山歌

四季花儿开

1 = F 4/4

桑植民歌

中速

1 2 1 6 5 — | i 6 5 3 2 5 3 2 — |
1.春季花儿开，　花开(是)一(呀)朵　来，
2.夏季花儿开，　花开(是)一(呀)朵　来，
3.秋季花儿开，　花开(是)一(呀)朵　来，
4.冬季花儿开，　花开(是)一(呀)朵　来，

2 2 3 6 6 6 5 3 2 | 2 1 6 5 | 3 3 1 3 2 1 6 5 5 6 5 X X |
一对(呀的个)鸽子儿(啊)　飞(呀过)(的山)　来(呀哈哈)。喷喷，
一对(呀的个)阳雀儿(啊)　飞(呀过)(的山)　来(呀哈哈)。喷喷，
一对(呀的个)斑鸠儿(啊)　飞(呀过)(的山)　来(呀哈哈)。喷喷，
一对(呀的个)喜鹊儿(啊)　飞(呀过)(的山)　来(呀哈哈)。喷喷，

```
  ⌢         ⌢                           ⌢         ⌢
5 5 6  X X X  5 5 6  X X X   |6 1 2 3  2 1 6  3  5 2 3  5  |
飞呀，喷喷喷，飞呀，喷喷喷，    飞 过(的 )山  来 看(哪)，
飞呀，喷喷喷，飞呀，喷喷喷，    飞 过(的 )山  来 看(哪)，
飞呀，喷喷喷，飞呀，喷喷喷，    飞 过(的 )山  来 看(哪)，
飞呀，喷喷喷，飞呀，喷喷喷，    飞 过(的 )山  来 看(哪)，
```

```
 ⌢     ⌢   ⌢    ⌢              ⌢
i i 6 5  3 2 5 3  2  3 1 3  2   |5 5 6  X  5 5 6  X  2 1 |
瞧 见 我 的  小  乖  乖(呀)，    〔哥儿，喂！妹儿，喂！哎呀
瞧 见 我 的  小  乖  乖(呀)，    〔哥儿，喂！妹儿，喂！哎呀
瞧 见 我 的  小  乖  乖(呀)，    〔哥儿，喂！妹儿，喂！哎呀
瞧 见 我 的  小  乖  乖(呀)，    〔哥儿，喂！妹儿，喂！哎呀
```

```
              ⌢                ⌢
5 6 3 2  5 6 3 2  1 2 3 5  2.3  |6 1.3  2 1 6  5  - :‖
嗯哪哎呀 嗯哪哎呀 真哪恩  爱〕。  夏季花  儿   开，
嗯哪哎呀 嗯哪哎呀 真哪恩  爱〕。  秋季花  儿   开，
嗯哪哎呀 嗯哪哎呀 真哪恩  爱〕。  冬季花  儿   开，
嗯哪哎呀 嗯哪哎呀 真哪恩  爱〕。  四季花  儿   开。
```

　　简介：这是一首湖南桑植汉族民间小调。桑植地处湘西北，是一个汉族、土家族聚居的地方，也是湖南民歌重要的传播区之一，它与湖北、四川为邻，其民歌曲目之多、传唱之盛，让我们立刻想到山西的河曲、陕西的府谷、河北的南皮这些地处数省交界的民歌之乡。这首《四季花儿开》的歌词是以五言体为主，兼用七、八言体的句格，具有突出的句式特点。唱词中大量使用了衬字、衬句，如"呀的个""喷喷，飞呀，喷喷喷""哥儿，喂！妹儿，喂！哎呀嗯哪哎呀嗯哪哎呀真哪恩爱"等，它们穿插于正词之间，使全曲起伏变化，趣味盎然。整首民歌分为两大部分，前一部分由三个乐句组成，经过一小节（四拍）的衬句后，进入下半段。后半段首句是前半段首句的变化重复，然后，省去其第二句，运用第三句的一个短衬进行扩充变化，使之进入全曲的高潮，最后，首句音调再现，前后形成一种自然的呼应。全首民歌的旋律，轻捷洒脱，起伏跌宕，艺术表现十分完美，成为南方"四季体"民歌的一个典型代表。

★ 活动十：草药认知

请将以下中草药的名称与图片对应连线。

| 何首乌 | 天麻 | 车前草 | 灵芝 | 金银花 | 艾叶 | 鱼腥草 | 苍耳子 |

★ 活动十一：访猕猴

猕猴：栖息于热带、亚热带及暖温带阔叶林，从低山丘陵到3000～4000米高海拔地区的僻静有食的环境中都有猕猴的身影，它们是现存灵长类动物中对栖息条件要求较低的一种。石山的林灌地带，特别是那些有着岩石嶙峋、悬崖峭壁又夹杂着溪河沟谷、攀藤绿树的广阔地段，往往是猕猴最理想的生活场所。

★ 活动十二：急救及野外生存

1. 学习什么是急救及伤员评估
2. 学习操作心肺复苏和人工呼吸
3. 学习户外出血、休克、烧伤、冻伤、中暑、蛇伤的处理
4. 学习户外骨折及固定
5. 学习野外徒步所备装备
6. 学会搭建帐篷

研学收获

　　张家界的美闻名天下，这里的奇山异石、悬崖峭壁、原始森林、流泉飞瀑、风土人情，无不让世界各地的游客惊叹而惦念。以前，该地农民森林植被保护意识差，山变荒了，植被少了，每逢洪水，房屋倒塌，种植的玉米、稻谷和红薯鲜有收成。20世纪90年代以后，农民认识到森林的作用，积极植树造林，封山育林。张家界的模样发生了大变化，水质好了，生态好了，旅游兴了，人员富了。山水相依，张家界的美需要我们每一个人的守望，作为一名"绿色守望者"，你在研学考察后有什么感悟？请写下来。

研学评价

_____年 _____月 _____日　星期 _____　今日路线：_____

评价项目	评价指标	组长评价等第 A/B/C/D	自我评价 A/B/C/D
时间观念	守时、不无故迟到早退		
纪律意识	服从组长和带队老师管理，顾全大局		
学习情况	出发前有准备、过程中有记录、结束时有收获		
文明礼仪	遵守公共要求，注重礼仪礼貌，守秩序，不喧哗，不破坏公物。		
个人形象	注意个人卫生，保持良好形象		
晚就寝	按时作息，熄灯后不讲话、不玩手机		
组员互评			
寝室长评价			
老师寄语			
一日总结			

第七单元　水与梯田

——"耕耘希望　传承文明"紫鹊界梯田稻作文化与水环境保护研学考察

研学准备

一、研学目标

1. 使学生了解水稻的种植历史、水稻的生长过程。

2. 引导学生探究我国水稻生长的地形、气候、土壤等条件。

3. 帮助学生了解紫鹊界水稻种植的面积、品种、熟制及种植优势。

5. 引导学生探究该地的传统农耕工具及耕作方式。

6. 引导学生探究该地的自流灌溉系统及梯田的修建与保护。

7. 引导学生探究该地的古村落建筑、风土人情及发展现状。

8. 引导学生探究该地经济发展与环境的关系，培养学生的人地协调观及热爱家乡、热爱祖国的情感。

9. 培养学生的劳动热情，让学生掌握必要的劳动技能。

二、研学攻略

1. 本次研学为秋季出行，请提前查询好研学期间的天气，并绘制天气符号。

日期			
天气状况（天气符号）			
最高气温			
最低气温			

2. 请根据天气状况及所学知识，在你认为需要携带的物品处画"√"，并准备所需要的行李。

重要证件：身份证、学生证 ☐	短衣短裤 ☐	长衣长裤 ☐	运动鞋 ☐
洗漱用品 ☐	笔记本、笔 ☐	照相机 ☐	高倍望远镜 ☐
手机 ☐	干粮或零食 ☐	防晒霜 ☐	雨伞 ☐
凉鞋 ☐	棉袄 ☐	药品 ☐	墨镜 ☐
雨衣 ☐	地图 ☐	指南针 ☐	少量现金 ☐

三、知识储备

湖南省娄底市新化县有一个神奇的地方，这里无塘坝水库，没有挖沟引渠，但山有多高，水就有多高，水有多高，田就有多高，这个地方就是紫鹊界。

紫鹊界最高处海拔为 1585 米，总面积为 120 平方公里，有梯田 8 万余亩。该地梯田由苗、瑶两族祖先开创，起于先秦，盛于宋明，已有 2000 余年历史。梯田在无人工水利设施的全天然条件下，利用自流灌溉过程实现旱涝保收。紫鹊界梯田是世界首批灌溉工程和全球重要农业文化遗产，其独特的自然条件、传统南方稻作农耕与苗、瑶山地渔猎相结合的生产方式，以及长期以来多民族文化不断融合等因素，共同造就了以"梅山文化"为代表的丰富多样的地方传统文化。

紫鹊界不仅是世界灌溉工程之奇迹，更是一种历史符号，承载着中华农耕文明和中国农村传统生活的原始记忆，是人类改造自然、利用自然、与自然和谐相处的生动写照。

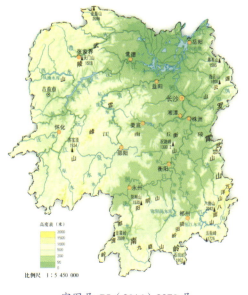

审图号 GS（2016）2270 号

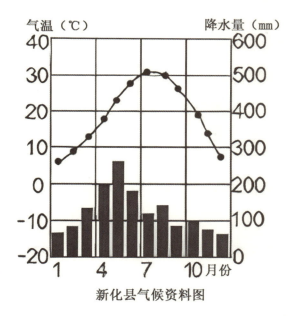

新化县气候资料图

1. 紫鹊界位于雪峰山中部，是典型的低山_____（地形类型）区，地势由西北向东南方向倾斜。

2. 紫鹊界位于我国_____（温度带）和_____（干湿地区），是典型的_____气候，夏季_____，冬季_____。

3. 紫鹊界梯田主要种植的粮食作物是_____。

4. 紫鹊界主要生活的少数民族有 ＿＿＿＿＿ 和 ＿＿＿＿＿＿。

5. 紫鹊界梯田是世界首批 ＿＿＿＿＿ 工程和全球重要＿＿＿＿＿遗产。

神奇的紫鹊界水稻

紫鹊界梯田水稻种植的自然条件

气候特征：紫鹊界梯田区属亚热带季风气候，夏季多东南风，冬季多西北风，年平均气温 13.7℃，年降水量 1650～1700 mm。紫鹊界水热资源条件组合良好，年均无霜期 260 天，年均日照时数 1488 h。

地形特征：紫鹊界属于雪峰山中部，是典型的低山丘陵地貌区，地势由西北向东南方向倾斜。西部、北部山峰耸立，东南部为低山丘陵，中部资水及其支流河谷穿行而过。紫鹊界梯田区内最高海拔为 1584 m，最低海拔为 353 m，相对高差超 1000 m。

土壤特征：土壤属花岗岩风化发育而成的红壤、黄壤和山地草甸土，垂直地带分布性明显，800 m 以下的多为红壤，800 m 以上的多为黄壤，均为沙性土，pH 呈酸性或中性，有机质含量丰富。土层厚度 100 cm 以上，持水性强；砂土质地，给水性能强。

植被特征：山坡梯田之上生长着茂密的森林，树种繁多，主要以杉树林、板栗林、竹林为主，以各种灌木草本植物为辅，草本植物以蕨类居多。森林覆盖率达 60% 以上。

紫鹊界梯田种植的水稻品种

紫鹊界梯田分布在海拔 450～1200 m 的地方，梯田布满整个坡面，垂直高度 700 m 以上；最大的田块约 0.067 km²，最小的只能插几十株禾苗，被当地人形象地称为"蓑衣丘"。

水稻是梯田面积最大的作物，这里种植了传统水稻品种，如白砂糯、云农糯、荆糯一号、麻谷红、黑香贡米、黑米、紫香稻和红米等。梯田里出产一种紫香贡米，"世界只有中国有，中国只有湖南有，湖南只有紫鹊界有"。米粒呈紫、黑、红、黄四色，以紫色为主，含有丰富的氨基酸和多种微量元素，有"药米""长寿米""黑珍珠"之美誉。煮熟后饭呈紫黑色，称为紫香米、黑香米。传说乾隆下江南时，曾来到新化县境内的大熊山寻祖或游览，在大熊山吃到了紫鹊界生产的"黑香米"，不久朝廷令新化县衙每年进贡100担黑香米进京，供皇室享用，后来紫鹊界地区产的黑香米，称为"贡米"。此为"贡米"的由来。

（1）根据以上材料，分析紫鹊界梯田种植水稻的有利自然条件有哪些。

_____

（2）紫鹊界梯田有哪些水稻品种？

_____

（3）紫鹊界梯田的水稻一年几熟？为什么？

_____

（4）为什么每块梯田的种植面积比较小？

_____

（5）结合材料，说一说"紫鹊界贡米"的特别之处。

_____

研学内容 ◎

一、灿烂传奇的稻作文化

1. 水稻的驯化史

从一株微不足道的"野草"，到年产量超过2.1亿吨、成为全球一半人口粮食的顶梁柱，作为五谷之首的水稻，是怎样成功逆袭的呢？

大约7000多年前，河姆渡先民来到水网密布的环太湖平原一带，当时的江浙地区比今天更加温暖湿润，平原上河道纵横、土地泥泞。在沼泽之中，以渔猎为生的河姆渡人发现了一种"野草"。它喜湿喜热，对土壤不算挑剔；它的种子富含淀粉，足以果腹；它每年都能定期收获，填满粮仓。这就是——水稻。

随着长期的人工驯化，野生稻逐渐失去了多年生、易落粒、长芒、匍匐生长等特征，慢慢"站"了起来，生育期缩短，种子不易落粒、芒短或消失、产量高、品质好，变得更加适应人类生产和生活的需要，成为今天的栽培稻。

河姆渡出土的水稻

河姆渡水稻堆积层

以下农作物中哪一种是水稻？请在正确的图片下打"√"。

（　　）

（　　）

（　　）

（　　）

民以食为天，百姓们的温饱问题，绕不开"五谷杂粮"。你知道"五谷杂粮"指的是哪些农作物吗？

_____

_____

请以小组为单位，结合材料，讨论人类在驯化和种植水稻中所蕴含的劳动之美。

_____

_____

_____

2. 水稻生长的条件

水稻是一种喜温、喜湿、短日照的农作物，在生长的过程中需要充足的光照和热量，尤其需要大量的水分。此外，平坦的地形也有利于水稻种植和农田管理。水稻种植业还是一种劳动密集型农业，劳动强度大，需要投入大量劳动来精耕细作。

长江中下游是水稻的起源地，从"天府之国"的成都平原，到河网密布的长江中下游平原，长江流域一直是水稻生长的天堂。

（1）影响水稻种植的因素有哪些？（从自然因素和社会经济因素两方面回答。）

_____

_____

_____

_____

（2）结合所学知识，分析为什么长江流域是水稻生长的天堂。

_____

_____

_____

_____

3.水稻生长的过程

水稻的生长速度快，生长期长则一年，短则三到四个月。生长过程主要分为幼苗期、分蘖期、抽穗期、结实期。水稻幼苗发芽的适宜温度为 28～32℃，分蘖期温度日均 20℃以上，穗分化适温 30℃左右。

水稻种植的主要步骤有：种子处理、整地、育苗、插秧、田间管理、收割、干燥、筛选。最后收获的籽粒饱满的稻谷就可以用来碾米啦！

填一填

在下面方框中，填出水稻生长的四个主要过程。

萌发　　　　　　　　　　　　　　　　拔节　　孕穗

扬花　　乳熟　　蜡熟

议一议

在水稻种植过程中需要付出哪些劳动？

_____

_____

二、趣味盎然的农耕实践

★活动一：识农具，能分类

中国传统农耕工具的发展，经历了近万年的漫长演变，是中国古代农业文明和社会发展进步的缩影。它不仅承载着先人们的艰辛与勤劳，也足以证明中国古代人民的智慧和自强不息的精神。参观农耕博物馆，填出以下传统农具及用途，并进行归类。

名称：_____

用途：_____

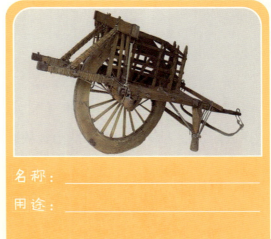

名称：_____

用途：_____

名称：_____

用途：_____

名称：_____

用途：_____

名称：_____

用途：_____

名称：_____

用途：_____

★ **活动二：古今农具对比，探讨优劣**

我国农具经历了一个不断丰富发展的过程：在材质上，由木石发展为青铜，进而发展为铁制；在功能上，从原始的掘挖、脱粒发展为具有整地、播种、中耕、灌溉、收获、加工及收藏等多种功能的农具；在动力上，由人力发展为畜力、水力，由简单发展为复杂。工业革命后，化石能源驱动的钢铁机械成为主要动力，动力的升级驱动了大规模农业生产，极大地提高了生产效率。随着经济发展需求，以人力、畜力等为主要动力的传统农具因生产效率低下、无法形成大规模生产力逐渐退出历史舞台。

1.请同学们根据在农博馆所学到的知识，结合生活经验，分析传统农具的优势与劣势。

★ 优势：

★ 劣势：

2. 现代社会，机械农具工作效率更高，人力成本小，保养成本低。而传统工具普遍取材于自然，具有可降解、低能耗、适用性强等特点。在外界都使用现代机械农具时，为什么紫鹊界梯田的耕作还依然使用原始而传统的工具？（可从当地地形地势、生态环境、民风民俗、旅游资源等角度进行探讨）

★ **活动三：稻田趣味赛**

水稻的收割时间一般集中在 7—10 月份左右，水稻谷粒的 90 ％ 以上呈金黄色后便可以收割。

连一连

请将水稻收割、收获的图片与步骤对应起来。

碾米

晒谷

脱粒

割稻

水稻收割比赛

要求：五人一组，一排五株（约一米宽），十米长，小组合作割水稻。

评奖规则：谁先割完且将谷子打完为胜利，有人受伤即退出比赛。（将贴纸贴在方框处）

第一名：笑脸贴纸五枚

第二名：笑脸贴纸四枚

第三名：笑脸贴纸三枚

第四名：笑脸贴纸二枚

第五名：笑脸贴纸一枚

做一做

编织小小稻草工艺品。

要求：五人一组，利用干、湿不同颜色的稻草编织小小工艺品。

评奖规则：作品个数不限，以设计精巧、多人参与、作品美观为准则。（将贴纸贴在方框处）

一等奖：贴纸七枚

二等奖：贴纸五枚

三等奖：贴纸三枚

晒一晒

在晒谷场将摊开的稻谷摆成一个造型。

要求：一个小组负责晾晒两平方的谷子，但只拿一个造型（代表作品）来参赛。

评奖规则：以新颖且美观为准则，有地理元素可加分。（将贴纸贴在方框处）

一等奖：稻草人贴纸七枚

二等奖：稻草人贴纸五枚

三等奖：稻草人贴纸三枚

三、紫鹊界水源探秘

紫鹊界高山陡坡大面积种植水稻，历经千年不衰。山上无任何蓄水、储水等灌溉水源设施，却任凭天干雨暴均能人旺粮丰，素有"天下大旱此地有收"的美誉。在惊叹之余，让我们一起来探究紫鹊界梯田原生态自流灌溉系统这种神奇现象的内在机理吧！

自流灌溉

自流灌溉指借助于水的重力作用，使灌溉水自水源出流出并由高向低自流进入灌溉田地的灌溉方法，其突出特点是灌溉水源比灌溉田地高，能充分利用自然压差所形成的势能，不需要另外消耗机械能就可以完成灌溉。根据水流运动规律，可以将灌溉系统分为灌溉水源、输水系统及排水系统三部分。

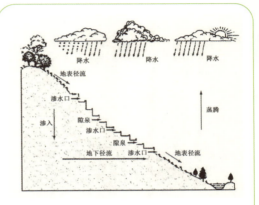

自流灌溉过程

地面灌溉过程：坡顶地表水流在重力作用下，汇入坡顶细沟，再由细沟进入梯田，经梯田由上至下逐级灌溉，最后多余水量再由坡底细沟排出，进入河道。

地下灌溉过程中，渗入地下的水流在主要驱动力——重力作用下，经渗水口和隙泉进入梯田，多余水量再在梯田处汇流，最后经坡底细沟排出，进入河道。

1. 实地考察

独特和绝妙的紫鹊界梯田自流灌溉系统，除了是大自然的恩赐外，还是人类利用自然的伟大杰作。人类是如何通过蓄水工程、灌排渠系、控制设施实现自流灌溉的呢？

　　走进梯田，仔细观察梯田的灌排渠系，写下你的收获。

蓄水工程：

- -

灌排渠系：

- -

控制设施：

2. 小组探究

　　结合实地观测，判断紫鹊界的森林植被类型属于_____林，分析植被对紫鹊界梯田蓄水功能的影响。

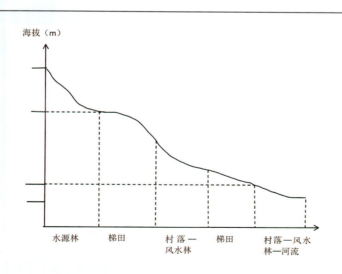

　　从土壤质地来看，土壤一般分为砂土、壤土和黏土，在野外可根据手指研磨土壤的感觉近似地做出判断。走进梯田，结合材料，观察并用手指研磨梯田土壤，分析紫鹊界梯田的土壤成分，并结合土壤特点，讨论紫鹊界梯田土壤在自流灌溉系统中的作用。

　　砂土成分是以砂粒为主体的，大孔隙多，毛细管孔隙少，通气、透水性强，保水、蓄水性能弱，有机质易分解，保肥性能弱，但易耕作。

　　壤土中所含的砂粒、粉粒、黏粒的比例适中，兼有砂土和黏土的优点，不仅通气、透水性能良好，而且蓄水、保肥性能强，是农业发展的理想土壤。

　　黏土成分是以黏粒为主体，通气、透水性差，蓄水、保水性能强，而且有机质分解缓慢，易积累，保肥性能好，但质地黏重，不易耕作。

水质检测

　　以小组为单位，进行水质检测，结合我国《地表水环境质量标准》，说说该地区河流的水质状况及原因。

_____
_____

3. 实践体验

各地经验表明，发展稻田养鱼不仅不会影响水稻产量，还会促进水稻增产。此外，稻田养鱼还促进了生态环境的优化，增强了生态环境抵御自然灾害的能力。

稻田养鱼，则相应地会加高加固田埂，开挖沟凼，这大大增加了蓄水能力，有利于防洪抗旱。在一些丘陵地区，实施稻鱼工程后，每亩稻田蓄水量可增加 200 立方米，大大增强了抗旱能力。在一些缺水地区，养鱼的稻田由于蓄水量大，可以有效地延缓旱情。稻田鱼肉质鲜美，有一股稻谷的清香，滑而不腻。

稻田捉鱼

说一说

稻田养鱼复合生态模式的优点有哪些？

_____

_____

_____

_____

四、诗情画意的田水民情

1. 正龙古村，梯田深处有人家

正龙村位于娄底市新化县水车镇紫鹊界梯田景区内，以独特的民居聚落而著名，2015 年被评为"中国传统村落"。山湾里错落分布着 200 余栋传统民居。沿着山路蜿蜒而上，空气随海拔升高而愈显清冽，苍翠的树林和层层梯田如画卷般在窗外展开。

【民族构成】经过 2000 余年的发展，本地多民族文化不断融合，共同造就了以梅山文化为代表的地方传统文化。

（1）请探访居民，调查村庄里有哪些少数民族。

_____

_____

（2）了解当地少数民族的服饰特点和习俗文化，任选一个少数民族，写出一到两点。

少数民族：_____

服饰特点：_____

习俗文化：_____

【始祖蚩尤】中华三祖之一的蚩尤系梅山文化的鼻祖，据历史传说和有关考证，湖南中部的安化、新化一带是上古蚩尤部族世居地之一，境内的大熊山更是蚩尤部落发祥地，北宋开梅山的梅山苗族、瑶族居民便是上古蚩尤部族嫡裔。

（3）请查找资料，填出中华三祖的名称。

传说_____天生神力，英勇善战，带领部落的人"兴农耕、冶铜铁、制五兵、创百艺、明天道、理教化"。

传说_____部落发明创造了"种五谷、纺织、制陶器、煮盐、草药等"。

传说_____和手下人发明创造了："文字、丝织、舟船、指南车、医术、天文观测、造宫室等"。

【梅山宗教】梅山宗教，是一种以祖先崇拜为中心的泛神信仰，涵盖了天上、地下、人间的众多神灵，梅山傩戏、梅山巫教是其重要内容和表现形式。

（4）梅山傩戏原始古朴，是民间举行祈福、求子、驱邪等傩事活动时展演的自娱戏剧，是梅山文化的重要组成部分。面具是傩戏造型艺术的重要构成部分。请利用材料，绘制面具。

【梅山草龙】"民以食为天，万物谷当首"，当地人认为草龙是群龙之首，紫鹊界的梅山草龙又称万岁龙，主要用于祈祷五谷丰登、风调雨顺。制作草龙的工艺可繁可简，使用的材料主要是干稻草：简单的就像姑娘们织麻花辫，循环交叉打结，复杂的会采用到编、织、插、嵌、镶、绕、缠、悬、挂、空、别、剔、镂、透等十多种工艺技巧。

（5）小组合作扎草龙，设计草龙大名、团队口号、舞龙动作，在古戏台进行舞龙表演。

草龙大名：＿＿＿＿＿＿＿＿＿＿＿＿＿＿＿＿＿＿＿＿＿＿＿

团队口号：＿＿＿＿＿＿＿＿＿＿＿＿＿＿＿＿＿＿＿＿＿＿＿

2.舌尖上的梅山美食

【梅山美食】新化梅山菜恰如其分地把握了湘菜的精髓：和而不同，辣而不烈。千百年来，新化饮食独具特色，自成体系，其中比较有名的是"十荤""十素""十饮"。

下面每一联对应的是"十荤"中的哪个菜？请填写菜名并与对应图片连线。（三合汤、雪花丸、粉蒸肉、鸭子粑、柴火腊肉、回锅狗肉、泥鳅钻豆腐、水车鱼冻、稻花鱼、肘子肉）。

①菜名：_____

生津开胃健骨强筋增虎劲，
散气祛风驱寒发汗见真功。

②菜名：_____

口味新鲜，仗田水稻花长大；
色香纯正，凭围炉文火烘干。

③菜名：_____

裹着白花花绒服；
咬开红嫩嫩佳肴。

④菜名：_____

丑态黑身，美味誉三湘楚域；
深山土菜，奇香飘九野苍穹。

⑤菜名：_____

极爽极纯，盛赞深山鱼冻；
不油不料，全凭古井龙泉。

3. 住古村，赏风雨桥，访九坊十八铺

【梅山民居】正龙古村保存完好的干栏式板屋堪称一绝，凝结了古人的生存智慧，巧妙地利用山形水势构建理想的人居环境，其中蕴含的绿色生态理念契合了现代城市规划设计中的思想。

完成干栏式板屋调研报告。

①最老房子的房龄是多少?

_____

②房屋的大门对联暗藏了什么信息?

_____

③传统房屋是用什么材料建造的?

_____

④屋顶为斜顶的原因是什么?

_____

⑤楼群整体层层叠叠,错落有致,是受什么影响?

_____

⑥房屋朝向并不是全部坐北朝南,是有什么讲究?

_____

⑦房屋的天井空间有什么作用?

_____

⑧木柱底架上的建筑高出地面有什么作用?

_____

⑨"活泉穿村"的优势有哪些?

_____

【风雨桥】正龙的村头村尾各有一座风雨桥,整体由桥、塔、亭组成,桥面铺板,两旁设栏杆、长凳,桥顶盖瓦,形成长廊式走道。据传,风雨桥建在溪河上不仅是为了便利交通,还有镇邪和留财之意。

整座建筑不用一钉一铆，全系木料凿榫衔接，横穿竖插。桥架就放在桥墩上面，而桥墩与桥台之间没有任何铆固措施，只凭桥台和桥墩起着架空的承台作用，因此风雨桥被称为世界十大最不可思议桥梁之一。

①村口风雨桥的桥名为＿＿＿＿＿＿，其寓意为＿＿＿＿＿＿＿＿＿＿＿＿＿。

②村尾风雨桥的桥名为＿＿＿＿＿＿，其寓意为＿＿＿＿＿＿＿＿＿＿＿＿＿。

【九坊十八铺】走访作坊一条街中具有当地特色的辣酱坊、豆腐坊、茶坊、水酒坊、农膳坊、腊味坊、竹艺坊、文田砚（奇石坊）、药膳坊等九个独具新化特色的小作坊和"金银铜铁锡，岩木雕瓦漆，篾伞染解皮，剃头弹花晶"等十八个民俗商铺。

豆腐是极具中国特色的食物。其主要原料大豆最早在中国被种植，它的制作技艺起源于中国，它是中国人餐桌上不可或缺的一部分。豆腐富含植物蛋白，在中华民族的成长过程中曾发挥了巨大的作用。在正龙古村九坊十八铺中找到豆腐坊，参观传统豆腐制作工艺流程，填出图中缺少的步骤。动动手，一起来磨豆腐吧！

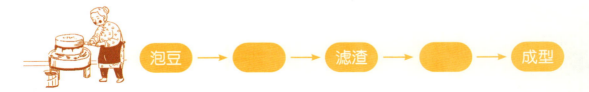

泡豆 → 　　　 → 滤渣 → 　　　 → 成型

新化人喜欢吃麻辣口味的食物，而这种麻辣不像四川菜那般花椒味特别重。梅山麻辣在于辣，辣得纯粹，辣得特别，可以让人感觉温暖、驱寒解表。请在正龙古村九坊十八铺中找到辣酱坊，品尝一下具有当地风味的辣酱，并从地理的角度分析为什么这里的人如此爱吃辣。

＿＿＿＿＿＿＿＿＿＿＿＿＿＿＿＿＿＿＿＿＿＿＿＿＿

＿＿＿＿＿＿＿＿＿＿＿＿＿＿＿＿＿＿＿＿＿＿＿＿＿

＿＿＿＿＿＿＿＿＿＿＿＿＿＿＿＿＿＿＿＿＿＿＿＿＿

4.古村更古，古村要活，开展旅游调研

【旅游开发】新化县正龙古村作为"梅山文化"的传承地，有着丰富的旅游资源，其乡村旅游具有起步晚、成长快、类型多的特点，目前正向规模化、品牌化发展。

风景优美，生态环境良好

文化底蕴深厚，特色突出

区位条件优越，与周边景点互补明显

旅游资源优势

填一填

请结合研学过程中的所看所听所想，针对当地的旅游发展中出现的问题，提出你的对应措施。

问题	原因	措施
农田与村落生态破坏	游客拥挤不堪	
	生活污水、生活垃圾、乱建乱挖	
	水土流失、山体滑坡、泥石流等自然灾害	
梯田旱化与弃耕严重	耕作难度和人工畜力成本远高于其他地方，种植效益差	
	农产弃耕转行，年轻劳动力大量外出	
开发项目知名度低	宣传的力度不够	
	营销模式老套	
资源单一	富有特色的古风民俗保持下来的不多	
	历史人文景点较少	
	游客的体验和参与项目不多	

在秉承着"古村更古，古村要活"的理念的前提下，请根据以下四种发展模式，提出你的想法和建议。

展示体验模式	旅游商品传承模式
请说出当地有哪些项目的制作过程和文化形式可进行现场展示和体验。	请设计出具有特色与卖点的商品。
活动依托模式	度假村模式
请说出当地可开展的主题活动形式。	请在基础设施建设、餐饮、娱乐设施等方面提出你的建议。

研学收获 ◎

耕耘希望　传承文明

2021 年 2 月 25 日，习近平在全国脱贫攻坚总结表彰大会上的重要讲话中提到：加快农业农村现代化步伐，促进农业高质高效、乡村宜居宜业、农民富裕富足。

乡村兴则国家兴，乡村衰则国家衰。作为世界灌溉工程之奇迹、全球重要农业文化遗产的紫鹊界，具有文化底蕴深厚、生态环境良好、特色产业鲜明等优势，但同时在经济发展过程中也存在着一些问题，比如旅游业开发配套设施滞后等。经过本次考察，请写下你关于紫鹊界的发展建议和思考。

研学评价 ◎

_____ 年 ____ 月 ____ 日　星期 ____　今日路线 : _____

评价项目	评价指标	组长评价等第 A/B/C/D	自我评价 A/B/C/D
时间观念	守时、不无故迟到早退		
纪律意识	服从组长和带队老师管理，顾全大局		
学习情况	出发前有准备、过程中有记录、结束时有收获		
文明礼仪	遵守公共要求，注重礼仪礼貌，守秩序，不喧哗，不破坏公物。		
个人形象	注意个人卫生，保持良好形象		
晚就寝	按时作息，熄灯后不讲话、不玩手机		
组员互评			
寝室长评价			
老师寄语			
一日总结			

79

第八单元　水与湖泊

——"关爱生灵　共护水源"东洞庭湖濒危动物与水环境保护研学考察

研学准备

一、研学目标

1. 引导学生自主查阅资料，并初步掌握东洞庭湖湖区的基本概况。

2. 帮助学生了解洞庭湖濒危动物的种类及生活习性。

3. 使学生了解东洞庭湖濒危动物数量减少与当地生态环境的关系。

4. 引导学生探究水环境保护对濒危动物的重要性。

5. 组织学生调查当地政府和民众保护湖区濒危动物及母亲湖的相关措施。

6. 引导学生探究东洞庭湖面积缩小的原因及对策。

7. 培养学生热爱自然、保护动物、珍惜水源、珍爱生命的意识。

二、研学攻略

1. 请提前查询好考察期间的天气，并绘制天气符号。

日期			
天气状况（天气符号）			
最高气温			
最低气温			

2. 请根据天气状况及所学知识，在你认为需要携带的物品处画"√"，并准备所需要的行李。

重要证件：身份证、学生证 □	短衣短裤 □	长衣长裤 □	运动鞋 □
洗漱用品 □	笔记本、笔 □	照相机 □	高倍望远镜 □
手机 □	干粮或零食 □	防晒霜 □	雨伞 □
凉鞋 □	棉袄 □	药品 □	墨镜 □
雨衣 □	地图 □	指南针 □	少量现金 □

三、知识储备

洞庭湖原名云梦、九江等，位于长江中游荆江南岸，横跨汨罗、湘阴、沅江、汉寿、津市、安乡、南县等县市。洞庭湖的名字始于春秋、战国时期，以洞庭湖中的洞庭山（即今君山）命名。洞庭湖北纳长江的松滋、太平、藕池、调弦四口来水，南和西接湘、资、沅、澧四水及汨罗江等小支流，由岳阳市城陵矶注入长江。

昔日"八百里洞庭"，如今因泥沙淤积严重，已分割为东洞庭湖、南洞庭湖、西洞庭湖三个部分，由许多大小湖泊组成。洞庭湖为典型的吞吐调蓄性湖泊，具有灌溉、航运、渔业生产、供水、纳水、调节气候和美化环境等多种功能。洞庭湖湖滨平原地势平坦，土地肥美，气候温和，雨水充沛，盛产稻米、棉花，且湖内水产丰富，是中国重要的商品粮、淡水鱼、棉、麻生产基地。

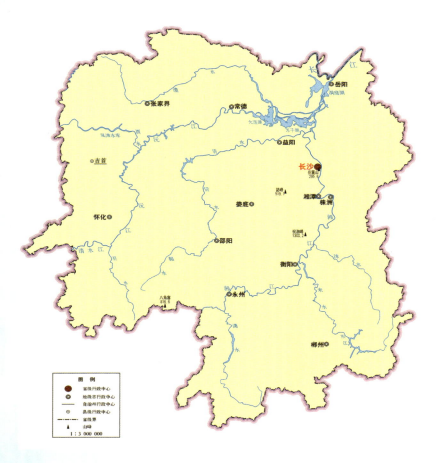

审图号 GS（2019）3333 号

（1）湖南被称为"三湘四水"，四水是指_____、_____、_____、_____；它们通过洞庭湖，最后汇入_____江。

（2）洞庭湖的面积为_____平方千米，位于湖南省的_____部，与其相邻的湖南省地级市有_____市、_____市、_____市。

（3）洞庭湖分为三个部分，分别是_____、_____、_____，其中面积最大的是_____。

（4）洞庭湖受_____气候的影响，_____季（冬或夏）为丰水期。

研学内容

一、云梦中的"八百里洞庭"

1. 诗洞庭之美文

【走近洞庭湖】"予观夫巴陵胜状，在洞庭一湖。衔远山，吞长江，浩浩汤汤，横无际涯；朝晖夕阴，气象万千。"千百年来，宋代文人范仲淹的名篇《岳阳楼记》中对作为中国四大淡水湖之一的洞庭湖的描述，成了脍炙人口的佳句。

★ 活动一：洞庭诗词话一话

1. 谁是记忆大王！难度系数☆☆☆

你可以从"予观夫巴陵胜状，在洞庭一湖。衔远山，吞长江，浩浩汤汤，横无际涯；朝晖夕阴，气象万千"开始，继续将《岳阳楼记》后面部分背诵出来吗？如果可以，只要你流畅完整且大声地背诵出来，将获得一张进入岳阳楼的免费门票！

2. 谁是理解达人！难度系数☆☆☆☆

你可以将《岳阳楼记》里所有描述洞庭湖的词句都一一罗列并用白话文解释吗？

_____

_____

_____

3. 你是小小诗人！难度系数☆☆☆☆☆

自拟一句或一首打油诗赞誉这"昔闻洞庭水"的实景吧！

_____

_____

_____

2.品洞庭之美食

春天，各种野菜刺激着湖区人的味蕾。在洞庭湖的湿地沼泽里，遍地生长着翠嫩的藜蒿、水芹菜等，藜蒿脆嫩爽口，水芹菜质地鲜嫩，满口清香。除此以外，银鱼是这里的特产鱼类，春季时银鱼的肉质最肥美。别看它个小，不足三厘米，但是通体透明，洁白如银，无鳞无刺，且营养价值高，具有滋阴补肾的功效，是"水中人参"。1918 年，在巴拿马国际名产会上，洞庭银鱼就被列为世界名产之一。

★ 活动二：洞庭美食做一做

方案一：快来参加洞庭湖区美味野菜品鉴会吧！

从野藠头、野芹菜（水芹菜）、蒿子、芦笋等食材中，任选其一做成一道美食给大家品尝，并参与投票吧！获得☆最多的那道菜的小主厨，将获得"美食之星"的称号。

方案二：用简图简文记录制作蒿子粑粑的主要流程。

采摘　　　　清洗

二、秘境中的"涵虚混太清"

【探秘洞庭湖】动物是大自然留给人类的无价之宝，它是我们人类的朋友，可是地球上平均每天就有 75 个物种灭绝，每一小时就有 3 个物种被贴上死亡标签。很多物种还没有来得及被科学家描述和命名，就已经从地球上消失了。

洞庭湖复杂多样的生境、星罗棋布的河道、延绵不绝的泥滩、广袤无垠的芦苇荡，使其形成了极为独特的生态系统。这里的物种非常丰富，并具有古老独特，珍稀度高的特征，可是，也逃脱不了种族灭绝的厄运……

[第一境：俯视——江豚水中游]

★ 活动三：趣味世界连一连

你认识它们吗？请正确连线。

洞庭银鱼　江豚　鲟鱼　麋鹿　东方白鹳　小天鹅　中华秋沙鸭　白头鹤

★ 活动四：头脑风暴猜一猜

以上哪些是洞庭湖特有的物种？

_____

_____

_____

可爱江豚小名片

姓名：江豚　　　　　　　　　　小名：江猪

肤色：铅灰色或灰白色　　　　　美称：水中大熊猫

身高：1.2～1.9米　　　　　　　特点：全球唯一淡水亚种

爱好：吃鱼、虾

籍贯：长江中下游干流以及洞庭湖和鄱阳湖等区域

近况：2011年，长江江豚的数量可能仅为1000余头，洞庭湖仅剩85头江豚。长江中江豚的数量比国宝大熊猫的数量还要少。截至2012年，长江江豚的数量只剩下1200头。2001年，中外科学家宣布白鳍豚功能性灭绝，从此江豚成了长江里唯一的淡水豚类。中国科学院水生生物研究所副研究员王克雄说，如果种群数量锐减的现状得不到改善，未来15到20年内江豚可能灭绝。

有专家了解到：各种捕鱼的"迷魂阵"甚至把政府增殖放流的鱼苗都捞了起来。江豚以鱼类为主食，鱼类的减少导致江豚的减少。同时，随着电捕鱼规模的扩大和冬季炸鱼的盛行，江豚被电死和炸死的情况也时有发生，"迷魂阵"（湖里圩堤边相对平浅的湖面上，沿线设置着一道道网阵，竹竿牵拉着一张张大网，向湖内延伸，圈出一大块水域）更是一种非法渔具，使江豚经常误入而死。繁忙的航运也是江豚等水生哺乳动物死亡的重要原因，江豚主要依靠声呐回声定位，轮船螺旋桨的声音会误导江豚，使其被螺旋桨绞死或者绞伤。另外，水质污染和水利工程也在一定程度上破坏了江豚的生存环境。

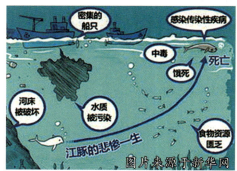

图片来源于新华网

1. 画一画——我眼中的江豚朋友

江豚跃出水面的瞬间模样，你记住了吗？试着画一下吧！

2. 说一说——江豚朋友的生活习性。

3. 查一查——江豚减少的原因。

4. 议一议——怎样保护江豚？

[第二境：眺望——麋鹿地上跑]

珍稀麋鹿介绍信

大家好，我是麋鹿，是我国的一级保护动物，又名"四不像"，是世界珍稀动物，属于鹿科。因为我的脸像马、角像鹿、颈像骆驼、尾像驴，因此得名"四不像"。我的体重一般为120～180千克，初生12千克左右。我的角较长，每年12月份脱角一次。我四肢粗壮，主蹄宽大、多肉，有很发达的悬蹄，行走时带有响亮的磕碰声。

我非常合群，善游泳，喜欢以嫩草和水生植物为食，曾经广布于东亚地区。后来由于气候变化和人为因素，我在汉朝末年就近乎绝种。元朝时，为了供人游猎，我的残余的祖先被捕捉运到皇家猎苑内饲养，在被西方发现后不久便被八国联军捕捉并从此在中国消失。直到1898年，我的同胞被英国购买，经繁殖后数量达255头，其中部分个体于1983年被送回中国。之后有更多的麋鹿同胞回归家乡，并有部分被放生野外。

1996、1998年，长江流域发生大洪灾，生活在湖北石首天鹅洲麋鹿保护区的几头勇敢的麋鹿被洪水裹挟着渡过长江，进入东洞庭湖国家级自然保护区，并逐渐自然野化，繁衍生息，经过20年的发展，数量已达150头。由此，东洞庭湖的麋鹿群成为全国最大的没有人工干预的野生麋鹿种群。

合作探究

1. **辨一辨**：观察麋鹿，分辨母鹿与公鹿。

_____

2. **喂一喂**：与麋鹿近距离接触，喂食麋鹿，了解其生活习性。

_____

3. **思一思**：与专家交流，结合资料，进行小组讨论：历史上麋鹿消失的原因有哪些；现在麋鹿重返家乡，我们应该如何保护。

_____

_____

【第三境：举目——候鸟空中飞】

特色候鸟大世界

东洞庭湖湿地是我国湿地水禽的重要越冬地、繁殖地、停歇地。目前已经记录到的生活在洞庭湖的鸟类有 348 种，其中受国家一级保护的有白鹤、白头鹤、白鹳、黑鹳、大鸨、中华秋沙鸭、白尾海雕 7 种，受二级保护的有小天鹅、鸳鸯、白枕鹤、灰鹤等 47 种。

活动探究

1. 小组合作，限时识鸟。

2. 东洞庭湖的鸟的种类和数量具有明显的季节性，请在实地考察后思考，该区域观鸟的最佳季节以及主要原因是什么。

_____

_____

3. 请结合下列材料，谈谈你的感受。

（1）2015 年 1 月 18 日，7 名犯罪分子用剧毒农药毒杀 63 只野生鸟类，其中 12 只小天鹅、5 只白琵鹭为国家二级保护野生动物，此外还有赤麻鸭、夜鹭、苍鹭、斑嘴鸭、赤颈鸭等。

（2）2018 年 11 月，胡某武等 14 名犯罪分子非法捕杀、出售、收购 52 只小天鹅，这是迄今为止全省涉及数量最大的捕杀贩卖小天鹅案。小天鹅在全世界的数量是比较少的，因为它的繁殖率比较低，全国最多不超过 8000 只。

_____

_____

_____

_____

_____

活动探究

4. 除了捕杀猎取外，你认为以下哪些行为会对鸟类生存造成不良影响，并分析原因。

　　A. 捡鸟蛋＿＿＿＿＿＿＿＿＿＿＿＿＿＿＿＿＿＿＿＿＿

　　B. 过度开发渔业资源＿＿＿＿＿＿＿＿＿＿＿＿＿＿＿＿＿

　　C. 稻田改种菜或者甘蔗＿＿＿＿＿＿＿＿＿＿＿＿＿＿＿＿

　　D. 围湖造田＿＿＿＿＿＿＿＿＿＿＿＿＿＿＿＿＿＿＿＿＿

　　E. 开挖洲滩＿＿＿＿＿＿＿＿＿＿＿＿＿＿＿＿＿＿＿＿＿

　　F. 污染河流土地＿＿＿＿＿＿＿＿＿＿＿＿＿＿＿＿＿＿＿

　　G. 大量放养黑山羊、黄牛、水牛＿＿＿＿＿＿＿＿＿＿＿＿

　　H. 驱赶、追赶鸟类＿＿＿＿＿＿＿＿＿＿＿＿＿＿＿＿＿＿

5. 你认为应该通过哪些措施保护鸟类？

＿＿＿＿＿＿＿＿＿＿＿＿＿＿＿＿＿＿＿＿＿＿＿＿＿＿＿＿＿

＿＿＿＿＿＿＿＿＿＿＿＿＿＿＿＿＿＿＿＿＿＿＿＿＿＿＿＿＿

＿＿＿＿＿＿＿＿＿＿＿＿＿＿＿＿＿＿＿＿＿＿＿＿＿＿＿＿＿

三、顾惜下的"洞庭天下水"

　　洞庭湖是我们的母亲湖，它有着供水、航运、水产养殖、旅游、调节气候、调蓄洪水等多种功能，它也是拯救世界濒危物种的希望地，可是，它却污染严重，日益萎缩……

★活动五：湖边测水质

　　每组学生在码头边进行水质取样与水质监测，探究湖水的主要污染源。

　　思考：水源污染会对动物的生存产生什么影响？

＿＿＿＿＿＿＿＿＿＿＿＿＿＿＿＿＿＿＿＿＿＿＿＿＿＿＿＿＿

＿＿＿＿＿＿＿＿＿＿＿＿＿＿＿＿＿＿＿＿＿＿＿＿＿＿＿＿＿

＿＿＿＿＿＿＿＿＿＿＿＿＿＿＿＿＿＿＿＿＿＿＿＿＿＿＿＿＿

＿＿＿＿＿＿＿＿＿＿＿＿＿＿＿＿＿＿＿＿＿＿＿＿＿＿＿＿＿

参考资料：洞庭湖是一个构造断陷湖，曾为古梦泽湖一部分，后因长江泥沙淤积，成为洞庭湖。

洞庭湖承接湘江、资水、沅江、澧水四条河流的全部流量，故有"容纳四水"之称。洞庭湖对调节长江洪水起着重要的作用，因而又有"吞吐长江"之说，是一座巨大的天然蓄水库。洞庭湖每年接受的河流泥沙量近 2 亿吨，湖底平均每年抬高 4 厘米。

明清时期，洞庭湖的面积达 6200 平方公里，而目前枯水年份时湖面已经缩小到了 940 平方公里。过去洞庭湖为中国第一大湖，现在已经退居第二。

合作探究

1. 下图为湖面面积变化图，思考洞庭湖的面积为什么在逐年缩小。

 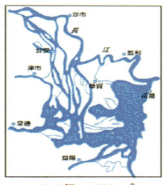 

| 1915 年　5000km² | 1949 年　4350km² | 1983 年　2691km² |

_____

_____

2. 洞庭湖面积缩小会对濒危动物产生什么影响？我们应该如何保护母亲湖？

_____

_____

_____

研学收获

纪录片《大自然在说话》中提到：大自然可以没有人类，但人类不可以没有大自然，人与自然应该和谐共处。关爱生灵，共护水源，母亲湖需要我们每一个人的守护。作为一名"绿色守望者"，你在本次考察活动中的学习收获有哪些？请写下来。

研学评价 ◎

_____ 年 ____ 月 ____ 日　星期 ____　今日路线：_____

评价项目	评价指标	组长评价等第 A/B/C/D	自我评价 A/B/C/D
时间观念	守时、不无故迟到早退		
纪律意识	服从组长和带队老师管理，顾全大局		
学习情况	出发前有准备、过程中有记录、结束时有收获		
文明礼仪	遵守公共要求，注重礼仪礼貌，守秩序，不喧哗，不破坏公物。		
个人形象	注意个人卫生，保持良好形象		
晚就寝	按时作息，熄灯后不讲话、不玩手机		
组员互评			
寝室长评价			
老师寄语			
一日总结			

❀ 第九单元 水与草原 ❀

——"草原牧歌 放飞梦想"南山高山草原植被与水环境保护研学考察

研学准备 ◎

一、研学目标

1. 使学生了解南山的整体概况，包括地形地貌、草原植被及主要河流的特征。

2. 使学生了解当地传统民居与自然环境的关系，体验苗族的风土人情。

3. 引导学生探究草原植被对水环境保护的重要性。

4. 组织学生调查南山畜牧业发展现状及其问题。

5. 帮助学生树立正确的人地协调观。

二、研学攻略

1. 本次研学为夏季出行，请提前查询好考察期间的天气，并绘制天气符号。

日期			
天气状况（天气符号）			
最高气温			
最低气温			

2. 请根据天气状况及所学知识，在你认为需要携带的物品处画"√"，并准备所需要的行李。

重要证件：身份证、学生证 ☐	短衣短裤 ☐	长衣长裤 ☐	运动鞋 ☐
洗漱用品 ☐	笔记本、笔 ☐	照相机 ☐	高倍望远镜 ☐
手机 ☐	干粮或零食 ☐	防晒霜 ☐	雨伞 ☐
凉鞋 ☐	棉袄 ☐	药品 ☐	墨镜 ☐
雨衣 ☐	地图 ☐	指南针 ☐	少量现金 ☐

三、知识储备

2015 年，中共中央、国务院印发《关于加快推进生态文明建设的意见》，提出"建立国家公园体制"。2017 年，党的十九大报告提出"建立以国家公园为主体的自然保护地体系"。

湖南南山国家公园是第一批设立的十个国家公园体制试点单位之一，总面积 635.94 平方公里。该公园涵盖城步苗族自治县 7 个乡镇、3 个国有林场（金紫山林场、云马林场、南洞林场）、1 个牧场（南山牧场）、41 个村。本次课程的主要考察地南山牧场是南山国家公园的核心地区。

填一填

查阅资料，了解南山国家公园的概况。

1. 湖南南山国家公园，位于湖南西南部的邵阳市城步苗族自治县，地处湖南省和＿＿＿＿＿＿＿＿＿（填省级行政区名称）边境。

2. 该地位于南岭山脉与＿＿＿＿＿＿＿＿＿山脉交会地带，是中国南方最大的高山台地草原，平均海拔＿＿＿＿＿＿米。

3. 该地属＿＿＿＿＿＿＿＿＿＿气候，年平均气温11℃，年平均降雨量1650毫米，＿＿＿＿＿＿＿＿＿（夏季或冬季）为雨季。

4. 该地植被多呈垂直分布状态：海拔1700米以下为＿＿＿＿＿林、落叶阔叶林和针叶林；海拔1700米以上，植被以＿＿＿＿＿＿＿为主。该地植物资源丰富，森林和草原的覆盖率达到＿＿＿＿＿以上，且物种十分珍稀，保护价值非常高；其中，国家一级保护植物有＿＿＿＿＿＿＿＿＿＿＿＿＿＿。

5. 南山牧场是重要的水源涵养地，境内主要有＿＿＿＿＿＿＿＿＿（填河流名称）的一级支流巫水等河流，共有四十八溪。

6. 南山牧场是中国南方最大的现代化山地牧场，有"＿＿＿＿＿＿＿＿＿＿＿＿＿＿＿＿＿""＿＿＿＿＿＿＿＿＿＿＿＿＿"等美誉。

7. 南山国家公园常住人口2.79万人，是湘西少数民族＿＿＿＿＿＿族的聚居地，至今保留着独特的民族风情和传统文化。

研学内容 ◎

一、走进南山

★活动一：探访民居，体验民俗

吊脚楼是苗族传统建筑，是中国南方特有的古老建筑形式，被现代建筑学家认为是最佳的生态建筑形式，它依山傍水，鳞次栉比，层叠而上。

1. 认外观，选一选

以下图片中哪种是吊脚楼？请在正确的图片下打"√"。

  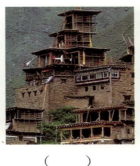 

（　　）　　　　（　　）　　　　（　　）　　　　（　　）

2. 识结构，连一连

吊脚楼房由木料建成，其结构样式一般为三柱五爪或五柱九爪的一正一横瓦房。正屋中间为堂屋，设有神龛奉神灵，两边为住房，横屋为伙房。参观桃林苗寨的吊脚楼，将吊脚楼上、中、下层与其对应正确用途连线。

上层　　　　　　　　库房，存放粮食等物

中层　　　　　　　　牲畜家禽栏舍和厕所

下层　　　　　　　　居民起居吃喝的地方

3. 探原因，议一议

吊脚楼是结合地形、适应气候的典型建筑样态。访问当地居民，以小组为单位进行调查研究，分析吊脚楼的建筑材料及结构形态与当地地形及气候的关系。

木质为主的建筑材料：＿＿＿＿＿＿＿＿＿＿＿＿＿＿＿

"人字"形屋顶：＿＿＿＿＿＿＿＿＿＿＿＿＿＿＿

上中下三层的结构特征：＿＿＿＿＿＿＿＿＿＿＿＿＿

4. 知民俗，做一做

苗家人民早在东汉末、三国初便有喝油茶的习惯。"姜牙蜜饯满盘阵，风味油茶亦可人。绝忆头纲新焙出，二凉亭子雨前春"的诗句，描绘了油茶的独特风味。一碗油茶，是城步苗家最高规格的待客礼仪；一碗油茶，是意蕴丰富的民俗文化；一碗油茶，是幸福满满的滋味……

（1）打油茶，品油茶。

以小组为单位，学打油茶，并和同学分享你品尝到的油茶味道。

打油茶的5道工序

① **做阴米**

先把糯米浸胀，然后用甑蒸熟，晒干或凉干，用碓舂扁，即成阴米。

② **做茶叶饼**

每年春夏，待茶树吐出的新芽长到一指宽左右采摘，放在锅里煮一滚，舀出来浇上米汤水，一团一团捏成饼状，晒干即成。

③ **炒主料**

将阴米炒至略带焦黄、酥脆，将黄豆、花生等原料炒熟，用油炸脆，并备好煮熟或炸得松脆的糍粑、蕨粑。

④ **煮茶汤**

将茶饼放置锅中加水煮沸，用瓢将茶叶捞出，用擂钵擂烂，再倒入锅中煮成浓茶汁，捞出残渣，加放油、盐，佐以擂碎的大蒜、生姜、辣椒等制成茶汤。

⑤ **撒茶料**

按喝茶人数，在茶盘中摆好茶碗，将各种主料分放碗中，冲入滚沸的茶汤，撒上葱、胡椒粉等佐料，即成闻名遐迩的苗寨油茶。

（2）说油茶，懂茶规。

以小组为单位，访问当地居民，调查当地喝油茶的礼仪，并说说喝油茶的风俗与当地自然环境（气候）的关系。

你的收获：_____

_____

_____

_____

★ 活动二：了解植被，观察地形

1.寻找下列三种古树，总结它们生长习性的异同，并写在横线处。

伯乐树

　　伯乐树常散生于湿润的沟谷坡地或溪旁的常绿－落叶阔叶混交林中，为中性偏阳树种，幼年耐荫，具有深根性，抗风力较强，稍能耐寒，但不耐高温。伯乐树生长缓慢，天然林中立木30年前生长较快。

缺萼枫香树

　　缺萼枫香树多生长于海拔600米以上的山地和常绿树混交林中，属阳性树种，喜湿、喜光。缺萼枫香树生长速度较快，对土壤肥力、水分要求中等，适应性强。

亮叶水青冈

　　又叫光叶水青冈，是喜凉湿气候的树种，幼苗耐阴，通常在海拔较低（60米以下）的丘陵或敞山育苗。光叶水青冈夏季叶片常萎缩脱落，如遇高温干旱，虽抗旱亦有大量苗木死亡，但在海拔较高（1000米以上）的山间苗圃，生长正常。

_____

_____

_____

_____

2.答一答

森林是地球生态系统的主体，是大自然的总调度室，是地球的绿色之肺。科学家称森林为"吞水吐雨器"和"吞碳吐氧机"。南山的山腰和山脚均有成片的原始次生林，它们像一个个密不透风的城堡围绕着南山牧场。请说说这些森林在维护生态环境方面的功劳。

_____

_____

_____

_____

3.观察地形，测量气温

峡谷是指谷坡陡峻、深度大于宽度的山谷。它通常在构造运动抬升和谷坡由坚硬岩石组成的地段发育，当地面抬升速度与下切作用相协调时，最易形成峡谷。闻名世界的大峡谷有雅鲁藏布江大峡谷、科罗拉多大峡谷、长江三峡等。

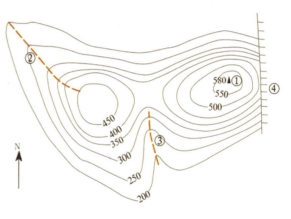

（1）峡谷在右图某地等高线地形图中是序号_____，等高线向着海拔_____（低／高）凸出。

（2）在经过峡谷内东西走向的路段时，利用自己随身携带的指南针，我们可以看到，峡谷北侧山坡上的植被较_____（茂盛／稀疏），峡谷南侧山坡上的植被较_____（茂盛／稀疏）。这是因为峡谷北侧光照较_____（强／弱），峡谷南侧光照较_____（强／弱）。

（3）如果峡谷位于降水较多的区域，那么在峡谷中容易形成_____灾害。仔细观看峡谷中的河流，我们会发现峡谷的坡度变化较大，坡度较大的地带，河流的水流速度会_____（加快／减缓），其中蕴含的水能资源也会_____（增加／减少）。

（4）"人往高处走，水往低处流"，水流流向的变化，能够反映出地势的变化。仔细观察沿途河水流向并用文字描述该河流流向与地势的关系：

_____

_____

（5）以小组为单位，用温度计和手机中的"指南针""海拔仪"等软件，测出以下三地的气温及海拔并标明测量时的时间。

地点	桃林苗寨	红军长征老山界纪念地	南山镇
测量时间			
气温（℃）			
海拔（m）			

（6）请根据上表的检测结果，总结海拔与气温之间的联系。

_____

_____

★活动三：铭记长征历史，传承红色精神

老山界位于南山东南侧，是当年"红军长征中所过的第一座难走的山"，其海拔近2000米，全长30华里，最陡峻处有5华里。其中百步坎地段有着在70多度的陡壁上雕凿出来的百余级石梯，形似天梯，令人望而生畏。

1934年秋，肖克、任弼时、王震率红六军团西征经过城步，当红军翻越老山

界后，眼前竟是一片绿波起伏、一望无垠的大草原。王震望着这亘古荒原，显得豪情满怀："多好的草山啊，革命胜利后，我们一定要在这里建设一个现代化的大牧场。"

1956年3月，老山界迎来了来自长沙、邵阳等5县市的近千名垦荒知青。他们以当年红军过老山界的英雄气概，怀着建设南山共青城的理想扎根南山，忍受着常人难以想象的艰难困苦，在公路不通的20年间，硬是将近万吨建设物资和生活物资扛过老山界，扛到了大南山。几代知青们执着的精神铸就了今日南山的辉煌。

（1）记录下你听到的老山界红军长征故事（写一个即可）。

_____

_____

（2）重走长征路，说说红军长征中会遇到哪些艰险。

_____

_____

（3）说说你学习到了哪些红军长征精神。

_____

_____

_____

二、认知南山

★活动四：测水质

南山牧场境内有48条溪流，总长256公里，另有南山天湖、茅坪湖、深冲河水库和白云湖。水系呈树枝状分布，年均降雨量为1718.5毫米，沅水、长江水系一支发源于此。

（1）以小组为单位，进行水质检测，结合我国《地表水环境质量标准》，说说该地区河流的水质状况。

_____

_____

（2）高山草原植被对该地河流的水文有什么影响？

_____

_____

（3）保护水源的措施有哪些？

_____

_____

★ 活动五：探草场

南山牧场草地资源为 15333.3 公顷，其中人工草地为 6666.7 公顷，天然草地为近 9000 公顷。南山牧场是草的天地、草的王国，犹如绿色的海洋，牧场中，千万个"面包"形的山岗缓起平落，包包相连，像大海中涌起无数的波浪。

1979—1981 年，中国—澳大利亚草山开发利用技术合作项目在南山牧场实施。由此，南山牧场整个草地发生了巨大变化，大部分区域由原来的自然草地变成人工草地。本地野生牧草（原生剑茅等）营养价值不高，只能供本地山羊、菜牛放牧。人工牧草营养价值高，一般粗蛋白含量在 25% 以上，且四季翠绿，冬季不枯。人工牧草主要是从澳大利亚引种的三叶草、黑麦草、绒毛草。

（1）根据材料回答，为什么南山牧场要将自然草地转变成人工草地？

_____

_____

（2）根据材料，说说以下三种人工牧草在生长习性方面的共同特点，并结合南山牧场的当地自然环境（地形、气候和土壤等），分析为何这些外来牧草能在南山生长。

 三叶草：对土壤要求不严，可适应各种土壤类型，在偏酸性土壤上生长良好。喜温暖、向阳、排水良好的环境条件。干旱情况下生长缓慢，高温季节有部分枯死现象。耐修剪，耐践踏，再生能力强。

黑麦草：对土壤要求不高，在较瘠薄的微酸性土壤上能生长。不耐旱、不耐热，喜温凉湿润气候，较能耐湿，但排水不良或地下水位过高也不利于黑麦草的生长。

 绒毛草：喜温暖、湿润气候，宜在夏季凉爽、冬季不太寒冷的山区生长。耐湿，耐寒，耐旱，耐瘠薄，耐牧，耐割，再生性良好。

_____

（3）你认为外来草种会对当地的生态环境和物种产生威胁吗？为什么？

_____

★ **活动六：识能源**

　　南山牧场除了漫山遍野的奶牛和草场以外，还有一个显著的标志，那就是随处可见的巨大的风叶。巨大的风叶随风旋转的景象极为壮观。南山年平均风速为 7.2 米／秒，风向较稳定，风能密度大，可开发的风力资源有近 30 万千瓦，是湖南省最理想的风电场所之一。在南山牧场的许多山脊上，耸立着一排排风机，远远望去，草山、蓝天、白云，加上随风转动的乳白色风机，连成一片壮观、美丽的风景。

（1）风能是 _____（选填"可再生"或"不可再生"）能源。

（2）说说南山牧场在风能开发和利用上的优越自然条件。（从地形、气候等角度）

_____

_____

_____

（3）探讨该地开发、利用风能的意义。

_____

_____

_____

★ 活动七：访牧民

现南山牧场总共饲养牛羊10000多头，其中奶牛6000多头。每到晴天，人们就能观赏到一幅鲜活的绿草、蓝天、白云、牛羊相映成趣的"南山放牧图"。

体验牧民生活

观看牧民的人工挤奶活动，与牧民一起制作酸奶，品尝奶制品。

小组合作，探访牧民，完成以下调查问卷。

问卷调查

▲ 问题一：您的家庭地址？

＿＿＿省　＿＿＿市　＿＿＿县　＿＿乡（镇）＿＿村

▲ 问题二：您的家庭基本情况？

户主　　　　　年龄　　　　　性别　　　　健康状况

学历　　　　主要从事工作　　　　　　年收入

▲ 问题三：您家的草场面积？

冬季草场面积　　　　　,夏季草场面积　　　　　, 政府每亩草场补助　　　　　元。

▲ 问题四：您家牲畜养殖情况？

牛 养殖数量
（　　头/只）

每年出售数量
（　　头/只）

羊 养殖数量
（　　头/只）

每年出售数量
（　　头/只）

马 养殖数量
（　　头/只）

每年出售数量
（　　头/只）

其它 养殖数量
（　　头/只）

每年出售数量
（　　头/只）

▲ 问题五：您家牛羊养殖数量的依据是什么？（可多选）

草场面积 ☐　　家庭劳动力数量 ☐　　草场质量 ☐　　其他 ☐

▲ 问题六：您家放牧是季节轮牧吗？

是 ☐　　　　　　　否 ☐

▲ 问题七：牛羊养殖对您家生活有何作用？

肉和日常食品的来源 ☐　　　　　　家庭主要经济来源 ☐

生活保障 ☐　　　　　　　　其他 ☐

▲ 问题八：您家庭的主要收入来源？

畜牧业 ☐　　务工 ☐　　做生意 ☐　　其他 ☐

▲ 问题九：您家畜牧产品(牛羊、牛羊皮、牛奶、酸奶)的销售渠道？

自己摆摊 ☐　　工厂 ☐　　收购的个人 ☐　　其他 ☐

▲ 问题十：您家是否有草场流转(承包)土地？

是 ☐　　　　　　　否 ☐

▲ 问题十一：您家是否参与了退牧还草、退耕还林、封山育林等项目？

是 ☐　　　　　　　否 ☐

▲ 问题十二：近10年,您家的草场质量如何？

退化严重 ☐　　轻度退化 ☐　　基本不变 ☐　　明显好转 ☐

▲ **问题十三：** 您认为您所在地区近五年草场质量变化的原因？（可多选）

牧民环保意识提升　　政府环保宣传　　气候原因　　　　其他

生态功能区的建设　　牛羊数量减少　　放牧方式发生变化

▲ **问题十四：** 您是否认为牛羊数量的增加会导致草场质量的下降？

是　　　　　　　　否

▲ **问题十五：** 您认为草场质量下降的原因有哪些？（可多选）

人和车的破坏　　　　　　　牛羊数量超过草场的承载量

气候原因(降雨量、气温)　　草场围栏设置不合理

鼠害(生态链失衡)　　采矿　　放牧方式不合理　　其他

▲ **问题十六：** 目前,您家周围实施的有关生态保护方面的政策和措施有哪些?（可多选）

生态管护员　　车辆禁入草场　　退牧还草　　垃圾捡拾　　其他

▲ **问题十七：** 您对这些生态保护政策和措施的态度？

非常欢迎　　欢迎　　不关心　　不欢迎

▲ **问题十八：** 认为生态保护政策使得您的生活变好还是变差？

变好　　　　　　变差

结合调查问卷，请就该地牧民的生活现状、草场利用与保护等问题撰写一篇调查报告。（300 字以上）

★ 活动八：问专家

（1）参观南山污水处理厂，写出污水处理的方法和工艺流程。

_____

_____

_____

（2）调查该厂的纳污面积、污水主要来源及每天处理的污水总量。与湖南先导洋湖再生水有限公司相比，你认为南山污水处理厂还有哪些方面可以提升？

湖南先导洋湖再生水有限公司纳污面积 50km²，规划人口约 50 万人。洋湖再生水厂经处理后的水质要求可达地表准四类标准。处理后的尾水进入洋湖湿地公园后进行再生利用，既保证了湿地公园的水景，又充分利用了湿地公园的自净功能以减少厂区能耗，实现了省内污水处理厂首例"零排放"，真正实现了节约水资源的目的。

 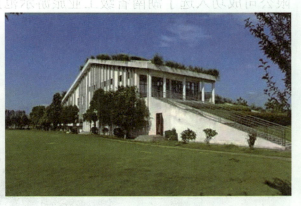

洋湖再生水厂综合楼实景　　　　　　　洋湖人工湿地实景

南山污水处理厂可提升的方面：_____

_____

_____

_____

_____

_____

_____

三、畅想南山

工业旅游是伴随着人们对旅游资源理解的拓展而产生的一种旅游新概念和产品新形式。工业旅游把旅游、科普、教育结合在一起，以工业场景为重点，加上科普内容及教育知识，形成了一种合力，能产出非常好的旅游产品，从而不仅为企业提升品牌效益，还为社会提供了高质量的科普教育资源。工业旅游规划项目因具有文化性、知识性、趣味性，具备现场感、动态感、体验感等独特魅力而深受游客青睐。

★活动九：科技助力牧场新发展——参观羴牧科技公司

湖南省文化和旅游厅于 2021 年 1 月 11 日宣布，湖南羴牧营养品科技有限公司成功入选了湖南省级工业旅游示范点名单。

想一想

羴牧是一个国内为数不多的拥有完整产业链的大型现代化乳品品牌。请将下列各项目词填入产业链流程图的正确位置，并且思考"全产业链"的优势是什么。

> 运输储藏、种植牧草、乳制品制造、科学养羊、乳制品销售

（　　　　　　）→牧场管理→（　　　　　　）→（　　　　　　）→

乳制品研发→（　　　　　　）→（　　　　　　）

品一品

品味香醇羊奶。结合平时喝过的牛奶，从下面四个方面进行羊奶与牛奶的比较。

类别	颜色	气味	营养	价格
羊奶				
牛奶				

演一演

每个小组设计一个羊奶广告剧本，并且演出来。

故事梗概：

★活动十：体验牧场

议一议

都说"好山好水好羊奶"，请与专家交流，结合资料，分组讨论豪牧选择在城步县养羊的原因。

①气候：＿＿＿＿＿＿＿＿＿＿＿＿＿＿＿＿＿＿＿＿＿＿＿＿＿＿

②环境：＿＿＿＿＿＿＿＿＿＿＿＿＿＿＿＿＿＿＿＿＿＿＿＿＿＿

③水质：＿＿＿＿＿＿＿＿＿＿＿＿＿＿＿＿＿＿＿＿＿＿＿＿＿＿

动一动

为实现科学养羊，羊舍有四大精心设计：

①吊脚楼设计　　　　　　　　②漏粪地板设计

③自动卷帘设计　　　　　　　④颈夹设计

请在参观羊舍的过程中用你的火眼金睛找出来以上设计并拍照，并选择其中一项给大家说一说这项设计的目的，最先找全的小组获胜。

研学收获 ◎

草原牧歌　　放飞梦想

远望炊烟袅，牛羊入眼全。草肥膘马壮，天阔牧歌旋。草原植被需要我们每一个人的守护，作为一名"绿色守望者"，你在本次考察活动中有哪些学习收获？请写下来。

研学评价 @

_____ 年 _____ 月 _____ 日　星期 _____　今日路线：_____

评价项目	评价指标	组长评价等第 A/B/C/D	自我评价 A/B/C/D
时间观念	守时、不无故迟到早退		
纪律意识	服从组长和带队老师管理，顾全大局		
学习情况	出发前有准备、过程中有记录、结束时有收获		
文明礼仪	遵守公共要求，注重礼仪礼貌，守秩序，不喧哗，不破坏公物。		
个人形象	注意个人卫生，保持良好形象		
晚就寝	按时作息，熄灯后不讲话、不玩手机		
组员互评			
寝室长评价			
老师寄语			
一日总结			

后记

2013年，湖南省政府和日本滋贺县政府签订环保领域合作协议书，协议书首次将湖南省的学校环境教育纳入国际交流与合作中来。作为三湘名校，湖南师大附中博才实验中学当选为湖南省第一所环境教育的试点学校，在湖南师大附中博才实验中学从事地理教学的我有幸参与其中，由此与环境教育结缘，踏上了环境教育校本课程的研发与实践之路。

2015年，由湖南省水资源研究和利用中心选派，我参加了日本科学技术振兴机构发起的2015年度中日青少年科学交流计划（樱花科技计划），就中小学生水环境保护教育课程教学与户外实践进行研修交流。2017年，我主持了湖南师范大学生态文明研究院的课题"初中'体验式'环境教育课程资源的开发与整合"，在原有基础上，从广度和深度两个方面同时发力，增设了两项户外研学课程，使湖南师大附中博才实验中学环境教育校本课程体系进一步完善。2018 年，为进一步提升自己的理论修养和学术功力，我报考了湖南师范大学公共管理学院哲学专业伦理学方向硕士研究生，师从中国生态伦理学开拓者之一的刘湘溶教授，将伦理学与环境教育融会贯通，完成了学位论文《中学环境道德教育研究》，并顺利通过答辩，后续又在《环境教育》等国内知名刊物发表了论文若干篇。2020 年，我当选为岳麓区中学地理名师工作室首席名师，带领团队成功申报了湖南省教育学会"十三五"规划教育科研重点课题"生态文明视域下的中学地理环境道德教育研究"，立足于生态文明建设对人才培养的需要对中学环境教育进行再思考，不但站位更高，视野更开阔，而且成果也更加丰硕，产出的成果分别被评为湖南省学校文化建设创新成果一等奖，长沙市首届中小学"智慧星"特色课程建设一等奖等。

2020 年，湖南省水资源研究和利用合作中心牵头实施 2020 年度澜沧江—湄公河合作专项基金"低影响开发背景下城镇生活污水处理能力提升及环境科学普及的技术示范与推广"，联合湖南师范大学、湖南师大附中博才实验中学、湖南先导洋湖再生水有限公司等国内单位，由我作为首席名师的岳麓区靳星中学地理名师工作室团队受邀参与开展中小学环保科普教育，促进水文化交流和民心相亲的部分项目，借此契机将过往成果统筹整合，精炼升华，促成《青少年水环境保护实践教学导引》这本书的出版问世。从 2013 到 2023 年，时光荏苒，真是"十年磨一剑"啊！

在此，我要感谢湖南省水资源研究和利用合作中心、湖南师范大学环境教育中心和生态文明研究院、长沙市教育科学研究院、岳麓区教育局、湖南师大附中博才实验中学领导的鼎力支持，感谢导师刘湘溶教授和罗常军师兄的谆谆教诲，感谢岳麓区靳星中学地理名师工作室和湖南师大附中博才实验中学地理教研组所有伙伴们的辛勤付出，感谢家人的默默鼓励与陪伴。

道阻且长，行则将至。行而不辍，未来可期。希望在环境教育之路上，我与大家既仰望星空又脚踏实地，携手共进。

靳 星

2023 年 5 月